AF501063

LAURIUM

RÈPONSE

A L'EXPOSÉ

DE M. LE PRÉSIDENT DU CONSEIL DES MINISTRES

SUR

LA QUESTION DU LAURIUM

IMPRIMERIE DE L'INDÉPENDANCE HELLÉNIQUE

M. Déligeorges, Président du Conseil, a cru devoir exposer au Conseil des Ministres quelques considérations sur la question pendante entre le Gouvernement Hellénique et les Sociétés Roux-Serpieri, sur les différentes phases qu'elle a traversées et sur la manière de résoudre ce différend.

La publicité donnée à ce document m'impose le devoir de réfuter les arguments de M. Déligeorges, en relevant les inexactitudes dans lesquelles il est tombé et en plaçant les faits sous leur vrai jour. Pour mieux atteindre ce but, je crois utile de publier, en regard l'un de l'autre, son exposé et ma réponse.

EXPOSÉ AU CONSEIL DES MINISTRES

Mon séjour provisoire au ministère des affaires étrangères m'ayant fourni l'occasion d'étudier tout ce qui a rapport à l'affaire bien connue de la compagnie Roux-Serpieri, je crois devoir au conseil des ministres un exposé de mes impressions personnelles et de l'opinion à laquelle je me suis arrêté, après une étude consciencieuse des documents relatifs à cette question.

Ce qui m'a surtout frappé, c'est l'état où j'ai trouvé cette question lors de la formation du ministère actuel.

Deux actions, l'une politique et diplomatique, l'autre privée et purement financière, marchaient de concert. L'Italie avait pris l'initiative, dans le courant du mois d'avril, de conseiller à notre gouvernement, par l'entremise de notre légation à Rome, de s'arranger avec la compagnie, sans quoi cette puissance se verrait obligée de s'entendre avec la France pour de démarches ultérieures. Le gouvernement hellénique obéit et entra en pourparlers avec la compagnie. Malgré cela, l'ingérance et l'action diplomatique ne s'arrêta pas. Au

RÉFUTATION

L'attention et les efforts de M. Déligeorges se sont principalement attachés à prouver que la loi sur les ecvolades n'a pas entendu régler la propriété des ecvolades et qu'elle ne saurait avoir d'influence sur les droits acquis.

Quoique les débats prolongés, et notamment les discours du député de Missolonghi, touchant à la loi des ecvolades, soient encore dans la mémoire de tous, qu'il me soit cependant permis, à moi aussi, d'avoir recours à l'histoire de cette loi pour prouver quel en est le véritable esprit.

Au mois de mars 1871, lorsque M. le Ministre des finances soumit un projet de loi d'impôt sur les ecvolades, un parti, à la tête duquel était M. Deligeorges, combattit le principe du projet de loi qui reconnaissait les ecvolades comme propriété privée, et demanda qu'elles fussent déclarées propriété nationale. Le 18 mars MM. Déligeorges, Zengheli et Rondiris déposèrent au bureau de la Présidence la proposition suivante:

«Les ecvolades métallifères du Lau»rium *appartiennent à l'Etat ;* on en

moment où les négociations étaient en pleine activité, les ministres de France et d'Italie faisaient tenir à notre gouvernement leurs notes en date du 5 juillet.

L'affaire ainsi menée rendait toute solution impossible. En effet, tout accord entre particuliers implique une liberté pleine et entière des parties contractantes ; mais cette liberté devient illusoire dès que deux grandes puissances prennent fait et cause pour l'une des parties, qui passe à leurs yeux comme ayant été lésée par l'autre.

Ces deux documents, que je soumets à votre appréciation, me dispensent de tout commentaire sur ce que je viens de signaler.

J'ai cru donc devoir m'occuper, avant tout, à séparer les deux questions, la question politique de la question d'intérêt privé ; aussi me suis-je empressé de faire connaître à MM. les ministres de France et d'Italie mon opinion sur ce sujet, ainsi que les motifs sur lesquels elle était fondée. Cette opinion je n'ai cessé de la soutenir dans tous les entretiens que j'ai eu l'honneur d'avoir avec eux relativement à cette question.

Ainsi que je viens de le dire, dans l'étude que j'ai faite de cette affaire je me suis surtout appliqué à séparer la question supérieure de droit international, qui seule fait agir les gouvernements, des intérêts purement matériels, qui servent de mobile à une société de spéculateurs. Car il est clair que les gouvernements de France et d'Italie ne se sont constitués défenseurs de ces intérêts auprès du gouvernement hellénique, que dans la supposition d'une violation de sa part des droits que nos lois assurent à tout industriel étranger. Ce qui m'étonne, c'est de voir se prolonger indéfiniment la discussion sur une question, dans laquelle les intérêts de ces deux puissances et le nôtre se confondent absolument. Car si ces puissan-

»dispose au profit du fisc d'après les dis-»positions suivantes.»

Répondant au premier ministre Coumounduros, M. Déligeorges a donné les éclaircissements suivants: «Je veux que »les ecvolades soient déclarées natio-»nales; mais comme on a objecté que »des questions de cette nature sont de »la compétence des tribunaux, pour plu-»sieurs raisons que j'ai développées, j'ai »dit qu'elles ne sont pas de leur compé-»tence.»

Une discussion très-animée se prolongea pendant cinq jours, portant uniquement sur le point de savoir si la Chambre avait le droit de se prononcer sur la question en s'arrogeant des droits judiciaires. Elle aboutit au vote de la loi du 18 mars, par laquelle tout usage des ecvolades était défendu jusqu'à ce que la matière fut définitivement réglée.

Par suite de cette loi des troupes furent expédiées au Laurium ; elles firent cesser tous nos travaux sur les ecvolades, et, sans prendre en considération les lois en vigueur sur la propriété et la possession, nous fûmes expulsés par voie administrative des terrains que nous possédions tranquillement depuis quelques années, en vertu de titres de propriété irréfragables.

Un mois après, le 17 avril, le Ministre des Finances soumit à la Chambre le projet de loi dont il s'agit, et par lequel toutes les ecvolades étaient déclarées propriété de l'Etat.

En présentant ce projet de loi, M. le Ministre des finances s'exprima ainsi au nom du Gouvernement :

«Le Gouvernement a donc résolu, »Messieurs, de vous soumettre un pro-»jet de loi d'après lequel les substan-»ces minérales, extraites à une époque »antérieure, et qui se trouvent soit à la »surface du sol, soit dans des puits ou »galeries ou n'importe ailleurs, sont »considérées comme propriété indépen-

ces tiennent à sauvegarder les intérêts de leurs sujets, nous ne tenons pas moins à ne pas encourir le reproche d'avoir sacrifié à un intérêt quel qu'il soit la protection que nos lois et les relations internationales assurent aux étrangers. Tout au contraire, la Grèce est prête à se soumettre à tout sacrifice matériel pour rester fidèle à ses institutions, qui protègent efficacement les droits acquis, et se montrer digne de son indépendance, par sa bonne foi dans ses rapports avec les étrangers, et son attachement aux droits et aux obligations, dont la loi internationale accompagne cette indépendance.

J'ai donc laissé de côté, pour le moment, toute idée d'un arrangement quelconque entre notre gouvernement et la compagnie, et toute considération ayant rapport aux intérêts purement matériels, pour ne m'attacher qu'à l'examen de l'allégation des deux puissances intervenantes, d'après laquelle la Grèce aurait privé la compagnie en question de la protection des lois du pays. Je crois donc, Messieurs, que c'est cette même règle de conduite, que nous devons suivre dans notre discussion avec les diplomates étrangers, pour mieux protéger l'honneur du pays et sauvegarder plus aisément nos intérêts matériels.

Les dernières notes de la France et de l'Italie, auxquelles nos prédécesseurs nous ont légué la tâche de répondre, sont vives mais assez vagues. C'est dans celles qui les ont précédées qu'il nous faut rechercher le germe du malentendu. Celles-ci ont d'ailleurs l'avantage d'être chaires et péremptoires.

«En 1871—nous citons le texte de la note »collective de la France et de l'Italie du 23 »mai 1871—le Gouvernement propose et la »Chambre adopte une loi qui déclare ces matières propriété nationale. Ce fait prouve, »qu'antérieurement à cette date, et en l'absence »de toute disposition législative à cet égard, »ces matières étaient régies par les principes »dante du sol où elles se trouvent. *Cette »nouvelle propriété est déclarée comme »appartenant à l'Etat qui recquiert le »droit d'en disposer selon qu'il jugera »convenable.»*

Dès le commencement de la discussion de ce projet de loi, l'attention a été principalement portée sur l'article 2. Plusieurs députés et particulièrement M. Déligeorges, se sont efforcés, par leurs discours, à donner l'expression la plus convenable et la plus claire à la loi, afin d'assurer à l'Etat cette *nouvelle propriété*, à donner à la loi un effet rétroactif, à fermer la porte des tribunaux, et à leur enlever le droit d'interprétation.

Voici comment s'est exprimé le député de Missolonghi, Président du Cabinet actuel des ministres, dans la séance du 27 avril 1871, lors de la discussion de l'article 2. Répondant à M. Condostavlos, ministre de la Justice, il dit :

«Le Corps Législatif, Messieurs, peut faire » des lois ; mais une fois qu'il les a faites, il » n'est plus en son pouvoir d'en surveiller » l'exécution. C'est au pouvoir judicaire qu'appartient principalement l'exécution de la loi.
»Si cela est vrai, Messieurs, si les lois sont » appliquées et en quelque sorte exécutées par » les tribunaux, entendez-vous, Messieurs les » Représentants, *laisser aux tribunaux à se » prononcer*, en puisant une donnée dans nos » discussions, sur la cause pour laquelle nous » avons légiféré ? Devant les tribunaux, Messieurs, les lois ont deux dangers à courir ; le » premier est qu'elles peuvent être considérées » comme contraires à des lois qui ont plus de » vigueur, le second est que leur interprétation est laissée aux juges . . . . . .

. . . .

. . . .

(*Journal de la Chambre*, page 441).

»Cette phrase du projet ministériel est dangereuse pour une autre raison encore. Non-» seulement les mots *Appartiennent à l'Etat* » se rapportent à l'*avenir*, comme l'a dit M. Saravas, d'après le principe que les lois n'ont » pas d'effet rétroactif, mais aussi, pour une » disposition qu'elle contient et qui fait disparaître jusqu'au moindre doute ; parceque le

»du droit commun et qu'elles pouvaient être »l'objet de transactions particulières. Une loi »ne peut que réglementer et consacrer un droit; »elle ne saurait avoir la prétention de le fonder, en en faisant remonter l'effet, à sa convenance, dans le passé et au mépris des droits »acquis, qui, forcément, le limitent. C'est pour »cette raison que toutes les législations ont »consacré en principe que l'État est tenu à »offrir une compensation aux particuliers, de »la propriété desquels il dispose pour des motifs d'intérêt public. (Art. 12 de la Charte constitutionnelle de la Grèce).

»Il s'agit d'une loi—nous citons le texte de »la note de l'Italie du 24 juin 1871—qui exproprie la compagnie de ses droits et met »cette dernière dans l'impossibilité de les faire »valoir par voie de justice.»

Ainsi donc les gouvernements de France et d'Italie sont intervenus en faveur de la compagnie franco-italienne :

1° Parceque nous aurions violé les lois existantes par une nouvelle loi ayant pouvoir rétroactif;

2° Parceque nous aurions porté préjudice aux droits acquis de la compagnie en lui interdisant la voie de la justice.

Je commencerai par examiner si, en effet, nous avons porté atteinte aux lois existantes et fermé à la compagnie la voie judiciaire, et ensuite je rechercherai s'il a jamais existé ombre de droits *acquis*.

I

L'article 2ème de la loi sur les ecvolades (rejets) définit rigoureusement le but et le motif de cette loi et rend, heureusement, impossible toute interprétation erronée. Voici cet article :

«Art. 2. Les ecvolades *comme appartenant* »*à l'Etat* sont régies par les dispositions de »cette loi.»

Avant d'analyser cet article, je vous rappellerai son histoire, qui suffira à témoigner surabondamment de notre attachement à la légalité et à notre Constitution.

» législateur peut dans sa loi, contrairement » au principe de la non-rétroactivité des lois, » ordonner formellement qu'elle aura un effet » rétroactif; mais non-seulement il n'y a pas, » dans le cas qui nous occupe, de disposition » spéciale touchant la rétroactivité, mais dans » l'article VI il est déclaré que *la loi n'a pas* » *d'effet rétroactif*. . . . .

. . . .

. . . .

»Vous voyez que le danger est grave, et si » vous votez le projet de loi tel quel, les conséquences en seront que les ecvolades, qui » ont, jusqu'ici, un soi-disant propriétaire, ne » seront pas régies par la loi qui sera votée aujourd'hui. Je ne sais pas ce que deviendront » les ecvolades déjà connues, et qui, en violation » de la loi, ont peut-être un propriétaire. Mais » le fait est qu'elles ne seront pas régies par » la présente loi. On laissera les tribunaux voguer dans l'océan de la théorie, dans lequel » nous avons aussi navigué, pendant deux » mois, pour arriver au port, et décider cette » question comme ils l'entendent. Voici quelles seront les conséquences, si nous disons » dans l'article II: *Les ecvolades appartien-* » *nent à l'Etat*, et dans l'article 6 que: *dès* » *que le gouvernement apprendra* que des » ecvolades ont été découvertes, il sera fait » ceci et cela.

»Ayant pleine confiance dans le droit, nous » avons tort de nous arrêter, sans aucun motif, sur une question que *nous déclarons* » *tous avoir décidé de résoudre et que nous* » *avons résolue*.

»Nous devons aussi éviter dans cette loi » toute expression prouvant que nous ne décidons *que de l'avenir* et y émettre expressément l'idée—l'expression ne fait rien à la » chose.......Nous devons dire expressément, » dans le projet de loi, de la manière la plus » formelle et la plus incontestable, *sans lais-* » *ser aux tribunaux la liberté d'interpré-* » *tation*, qu'elles (les ecvolades) appartenaient » de tout temps et appartiennent à l'Etat, et » qu'ainsi on en dispose comme on en dispose.

(*Journal de la Chambre*, page 445).

Dans la même séance, lorsque M. Michalopoulo soumit une proposition relative à l'offre que j'avais faite au Gouvernement de lui vendre, au prix de vingt millions, nos biens au Laurium,

Les débats, auxquels cet article a donné lieu à la Chambre, furent très-longs. La longueur de cette discussion tenait à ce que la rédaction du projet da loi ministériel était accusée de *créer un nouveau droit*, tandis que la Chambre ne consentait à voter une loi sur la disposition des ecvolades, qu'autant qu'elle découlerait des *lois existantes*. Cette considération fit demander l'élimination de l'article 2 et proposer une nouvelle rédaction qui ne *créât* rien et ne *changeât* rien aux lois existantes. L'article 2 du projet de loi ministériel était ainsi conçu: «Les ecvolades *appartiennent à l'Etat*. Leur exploitation n'est permise que par un acte du gouvernement, etc».

Les ministres et leurs partisans eurent beau s'évertuer à prouver qu'ils n'entendaient pas par ce projet de loi *créer un droit nouveau*, que tel n'était pas le sens de cet article. Malgré leurs efforts cet article fut rejeté pour être remplacé par un autre, dont la rédaction ne pût donner lieu à *aucun doute*. Comme tel fut adopté à l'unanimité l'amendement de M. Zaïmis, devenu l'article 2: «Les ecvolades *comme appartenant à l'Etat* sont régies par les dispositions de la présente loi.»

M. Zaïmis a accompagné son amendement des considérations ci-après:

«Zaïmis. Que l'on dise: «*Les ecvolades appartiennent à l'Etat*», ou bien: «la disposition des ecvolades *comme appartenant à l'Etat* est ségie, etc.», c'est, selon moi, »la même chose. La premiere rédaction aurait peut-être besoin *de quelques éclaircissements*. Mais ces éclaircissements nous »ont été fournis; et aussi bien le ministre qui »a présenté le projet de loi, que les orateurs »qui l'ont soutenu, ont affirmé que par la rédaction *les ecvolades appartiennent à l'Etat* »on n'entend pas créer aujourd'hui un droit, »mais *tout simplement le proclamer*: l'article est *déclaratif* ci non pas *constitutif*. Toutefois, comme plusieurs députés des plus sérieux, et particulièrement M. Déligeorges et »autres, tiennent à la seconde rédaction, je n'ai »aucune difficulté à l'admettre, pour qu'il soit

M. Déligeorges, interpellant ce député, fit l'observation suivante:

«M. Michalopoulo, vous parlez d'ecvolades et de scories. La Société a offert de vendre pour vingt millions les »ecvolades et les scories, mais *nous avons décidé que les ecvolades sont propriété nationale*.» *(Journal de la Chambre*, page 333).

Si nous considérons que pour la suspension même des travaux il a fallu voter une loi spéciale, c'est qu'on avait reconnu l'insuffisance des lois en vigueur, comment admettre sérieusement que la loi votée laissait en vigueur les lois préexistantes et était abandonnée *à la libre interprétation* des tribunaux réguliers? En consultant le rapport du ministre, qui a soumis le projet de loi, et les procès-verbaux des débats qu'il a provoqués, on trouve que le ministre a clairement expliqué au Corps Législatif l'esprit de cette loi, en déclarant que le Gouvernement a décidé de soumettre un projet de loi, *d'après lequel les ecvolades sont considérées comme propriété indépendante du sol où elles se trouvent, et que cette nouvelle propriété est déclarée comme appartenant à l'Etat qui acquiert le droit d'en disposer comme il le jugera plus convenable*. Ceux qui ont discuté et voté cette loi ont expliqué aussi de la manière la plus claire et la plus formelle, *qu'ils veulent déclarer les ecvolades propriété nationale* et qu'ils se sont servis de l'expression de la loi pour prouver *qu'ils ne se sont pas seulement prononcés pour l'avenir*, mais pour ne laisser aucune liberté d'interprétation aux tribunaux.

C'est en suite de cette discussion qu'a été voté l'article 2 de cette loi. Pour l'expliquer et l'interpréter nous n'avons pas eu besoin d'avoir recours à des théories générales et à des opinions étrangères; il nous a suffi de consulter les procès-verbaux mêmes du Corps Législatif, les discours et les explications du

»constaté qu'il n'existe le moindre doute sur »le sens de cet acte législatif.»

Après ces éclaircissements de M. Zaïmis, le président de la Chambre a posé la question en ces termes :

«Président. Voici l'amendement de M. Zaï»mis : «Art. 2. *Les ecvolades comme appar»tenant à l'Etat sont régies par les dispo»sitions de la présente loi*». Ceux qui adop»tent l'article sont priés de se lever. (Tous les »députés se lèvent). Adopté».

Ainsi la loi sur les ecvolades n'a pas créé un *nouveau droit ;* elle n'a fait que disposer de droits établis par les lois existantes. La Chambre, de son côté, n'a consenti à la voter à l'unanimité qu'après en avoir rendu le sens et la rédaction aussi explicites que possible ; de sorte que nous pourrions invoquer en faveur de cette loi le texte même de la note de la France et de l'Italie, qui cependant l'accusent d'être inconstitutionnelle et spoliatrice :

«Une loi ne peut que réglementer et consa»crer un droit ; elle ne saurait avoir la préten»tion de le fonder, en en faisant remonter l'ef»fet, à sa convenance, dans le passé et au mé»pris des droits acquis qui, forcément, le li»mitent.»

En effet tout gouvernement et tout corps législatif a le *droit* et le *devoir* d'avoir *une opinion* sur les dispositions des lois existantes. Ce droit et ce devoir ne peuvent avoir aucune limite : car sans cela un Etat cesserait d'être administré. Cela se voit chaque jour et partout. Les lois existantes sont réglementées et appliquées par des lois et des ordonnances, qui découlent de *l'opinion* du gouvernement ou du corps législatif sur les lois existantes. Telle est la loi en question ; il ne s'agit que de la *disposition* des ecvolades comme propriété nationale *d'après les lois existantes*. Par cette loi on n'a pas voulu modifier, en quoi que ce soit, les lois existantes sur la propriété des substances minérales.

Et même, elle n'a pas été votée pour député de Missolonghi, qui a proposé le susdit article. Après cela comment aurait-on pu supposer que M. le Président du Conseil viendrait aujourd'hui soutenir que l'article 2 n'a été voté que pour rendre clair et incontestable l'opposé du but attribué maintenant sans raison à la loi ; qu'au contraire, il a été inséré pour qu'il fût clair et incontestable que la nouvelle loi n'innove rien, car la Chambre n'entendait pas créer de nouveaux droits, en rendant une loi spoliatrice ?

Comment après tout ce qu'il a dit à la Chambre M. Déligeorges peut-il déclarer que la loi n'entend pas régler la propriété des ecvolades, qu'elle ne s'attribue pas un effet rétroactif, qu'elle ne porte pas atteinte à des droits acquis, et qu'elle ne ferme pas la porte aux tribunaux ?

leur donner une *interprétation authentique*, ce qui pourrait donner lieu à croire qu'elle a un effet rétroactif; car personne n'ignore la forme particulière qu'affectent les lois d'interprétation authentique, qui sont introduites dans le corps législatif *sous ce titre et dans ce but* et mentionnent expressément *la loi interprétée.* Aucune de ces circonstances ne se rencontre ici; il n'y a eu ni proposition aucune ni modification du projet de loi à cet effet, ni même mention dans le procès-verbal que cette loi est une interprétation authentique et obligatoire d'une loi antérieure. Mais, même en supposant que cette loi fut une interprétation authentique des lois préexistantes, elle n'aurait aucun effet rétroactif sur les transactions intervenues avant sa promulgation.

Au contraire l'article 2 est si peu essentiel, qu'il aurait pu être retranché sans inconvénient de la loi en question; car il se borne à exprimer l'*opinion* de la Chambre sur les *lois existantes*, lesquelles, après cette *opinion*, restent *intactes*, comme il arrive chaque fois qu'on fait une nouvelle loi qui, découlant d'une ancienne, ne crée rien et ne sert qu'à réglementer le mode de son application.

Ainsi l'article 2 n'a été voté que dans le but de rendre manifeste et incontestable précisément le *contraire* de ce que l'on reproche sans raison à cette loi. Il a été voté pour prouver que la Chambre ne se livre à aucune innovation, comme aurait pu le faire soupçonner la rédaction primitive du projet de loi; il a été voté parceque la Chambre n'entendait pas créer un nouveau droit, en d'autres termes voter une confiscation; il a été voté pour prouver qu'après son adoption les lois existantes restent en pleine vigueur, soumises comme par le passé à l'interprétation des tribunaux ordinaires; l'article 2, enfin, ne contient que le *motif de la loi* (ratio legis).

La *ratio legis* n'a rien de commun avec une *nouvelle loi*, et encore moins avec une loi qui aurait pouvoir rétroactif au préjudice de droits acquis. La *ratio legis* est elle-même un des éléments qui concourent à l'interprétation dogmatique des lois, laquelle cependant ne saurait avoir d'autres limites que le travail intellectuel du juge. Car la *ratio legis*, même quand elle est exprimée dans la loi, comme dans l'espèce, *(ὡς ἀνήκουσαι εἰς τὸ Κράτος— comme appartenant à l'Etat)* n'en devient nullement une partie intégrante, d'après l'opinion très-explicite de Savigny (I, § XXXIV) :

«Ce mot (motif de la loi, *ratio legis*) a deux sens différents selon qu'on l'applique au passé ou à l'avenir; ainsi il désigne : 1° *la règle supérieure de droit*, d'où sort la loi *comme déduction et conséquence;* 2° l'effet que la loi est appelée à produire, c'est-à-dire le but, l'intention de la loi.

»*Le motif* de la loi peut être plus ou moins certain. Il ne l'est jamais davantage que s'il se trouve *exprimé dans la loi;* mais *alors même* il demeure *distinct de son contenu*, et n'en devient nullement *partie intégrante*.»

Ainsi Savigny décide *ad hoc* la question de la signification de l'article 2 et rend toute discussion ultérieure inutile. D'après l'opinion de ce savant jurisconsulte la phrase «*comme appartenant à l'Etat*» ne change rien aux lois antérieures et, de plus, elle est tout-à-fait indépendante du contenu de la loi sur les ecvolades et dépourvue de toute force législative.

S'il était nécessaire de démontrer toute l'étendue de ce droit de l'Etat, il nous suffirait d'emprunter un seul exemple à la France, celui de la disposition du sel gemme. Le gouvernement et le corps législatif, qui avaient un droit incontestable d'avoir une opinion sur le sens des lois existantes, ont poussé ce droit jusqu'aux dernières limites, en décidant que le sel gemme était soumis aux dispositions de la loi de 1810. Or

L'exemple que M. le premier ministre a cherché dans la législation française, et qu'il invoque dans son mémoire, est on ne peut plus malheureux. La loi du 6 avril 1825 n'a nullement touché au droit de propriété, mais elle a simplement réglé la manière de disposer du sel fossile inconnu jusqu'à cette époque, fixant, en même temps, une indémnité de deux millions de francs en faveur de celui qui l'avait découvert et reconnaissant

dans cette loi il n'était aucunement question de sel gemme et, de plus, il était impossible d'attribuer cette omission à une erreur ou à un oubli ; car le sel gemme avait été d'abord compris dans le projet de loi élaboré dans le Conseil d'Etat, et retranché ensuite, sur l'ordre de Napoléon 1er, après de longues discussions, à la septième rédaction de ce projet de loi, dans la séance du 24 février 1810. (Locré, XXIV, 2, et Bury, *Traité de législation de mines,* I, page 16).

Le ministre des finances et chef du cabinet, M. Villèle, défendant son projet de loi, par lequel il demandait que le sel gemme fut concédé au fisc d'après les dispositions de la loi de 1810, répondit à ceux qui lui objectaient que ce projet de loi était en contradiction avec la loi de 1810 :

«Si la concession était contraire aux prin»cipes, contraire à la lettre de la loi, nous se»rions forcés de nous présenter devant vous »pour nous faire observer le dommage, qui ré»sulterait de l'exécution d'une loi antérieure, »et pour vous en demander le rapport, ou du »moins d'y faire une exception. Nous n'avons »pas cru être dans cette nécessité.» *(Moniteur,* 1 avril 1825).

Le pouvoir législatif de France, en votant la loi du 6 avril 1825, n'a pas entendu faire une loi *ad hoc,* ni donner l'interprétation que les sels gemmes sont des mines. Il a seulement supposé que *selon sa propre opinion,* les sels gemmes étaient des mines d'après les lois antérieures, et il a voulu réglementer par la nouvelle loi le mode de leur disposition en faveur de l'Etat dans dix départements de la France. Cela est si vrai, que les tribunaux français, en jugeant sur les sels gemmes, postérieurement à la loi de 1825, ne se sont pas crus obligés par cette loi à considérer les sels gemmes comme des mines. Tout au contraire, tantôt ils portèrent des jugements opposés à l'opinion du corps législatif, se refusant à admettre aussi un droit de dédommagement pour les travaux faits par le propriétaire. Il est vrai que la commission avait proposé, (comme dans la discussion de la Chambre en Grèce à propos des ecvolades) de faire ajouter à l'article unique de la loi ces mots «dont l'Etat deviendra propriétaire en vertu de la présente loi», mais la Chambre *vota le rejet* de cet *amendement.* (Dalloz, mot Sel, N° 85). Cette loi a ainsi laissé libre carrière de recours aux tribunaux pour la revendication des droits de propriété. Et cependant, en 1840, *cette loi a été abrogée* par la loi du 17 juin, qui soumet le sel fossile aux dispositions de la loi sur les mines. En 1840 la propriété de ce sel a été rendue aux propriétaires et voici la raison principale que M. Laurence soumettait à la Chambre qui a adopté la nouvelle loi : «Dût-il en coûter au trésor», disait M. Laurence, «il est des sacrifices »qu'un Etat doit savoir faire par des »considérations politiques. N'est-ce donc »rien que de rentrer dans *les vrais »principes* et d'enlever à l'Etat ce carac»tère de participation qui ne convient »pas à un gouvernement et qui l'établit »en lutte corps à corps, sur le pied de »légalité, avec les citoyens, et de lui ren»dre cette position digne qu'il doit gar»der comme dépositaire et représentant »de l'association nationale ?» (Dalloz, mot Sel, N° 22).

Un pareil exemple peut-il être comparé au cas qui nous occupe et d'après lequel a été résolue, par voie législative, la question de propriété d'un minerai connu, demandé et concédé légalement et exploité depuis un an environ, et où le législateur a prévu d'une manière formelle *qu'il ne laisserait pas aux tribunaux la liberté d'interprétation ?* Ce seul exemple d'un acte législatif, rappelé plus tard, peut-il servir à justifier une si brusque atteinte à des droits légalement acquis, laquelle n'a pas été formu-

que les sels gemmes sont compris dans la loi de 1810 sur les mines, tantôt ils les ont en effet considérés comme des mines, non qu'ils se crussent forcés à cette interprétation par la loi de 1825, mais parce qu'ils avaient interprété les lois antérieures de la même manière que le corps législatif. Cette *ambiguité* de la législation sur les sels gemmes, qui n'avait pas *cessé par la loi* de 1825, fut une des causes, qui donnèrent naissance à la loi du 17 juin 1840, dont l'article 2 a expressément compris l'exploitation des mines de sel parmi les mines: «Art. 2. Les lois et les réglements généraux sur les mines sont applicables aux exploitations des mines de sel.» Dalloz, *Jurisprudence,* v. *Sel,* Nº 83, et *Annales des Mines,* 3ème Série, VIII, page 552).

Ainsi la base sur laquelle s'appuient les notes de MM. les ministres de France et d'Italie n'est pas solide. Car il n'est pas exact que nous ayons par une nouvelle loi ayant pouvoir rétroactif porté atteinte à des lois antérieures.

Je vais maintenant, Messieurs, vous exposer les considérations, sur lesquelles nous avons fondé, dans l'administration comme dans la législature, notre opinion que les ecvolades sont une propriété de l'Etat.

II

Cette question n'a rien de commun avec la théorie *des droits acquis,* dont il s'agit dans l'affaire Roux-Serpieri. Une *opinion* du pouvoir exécutif ou du pouvoir législatif, quand elle ne se formule pas en une loi *créant de droits nouveaux au préjudice des drois acquis,* peut être vraie ou fausse, mais elle est *inoffensive*, étant toujours *contestable* et n'exerçant aucune influence sur les décisions du pouvoir judiciaire, indépendant de tout autre pouvoir et jugeant lée comme une simple opinion, mais comme loi de l'Etat, revêtue de toute la sanction législative?

Ce n'est pas à moi qu'il convient de répondre à cette partie du Mémoire où M. le premier ministre s'efforce de prouver qu'il n'y a pas motif d'intervention diplomatique et de protection de nos droits atteints. Les arguments contenus dans l'exposé de M. Déligeorges ne sauraient influencer l'opinion publique en Europe, au point de méconnaître à l'Italie et à la France le droit d'intervention dans ce différend.

J'arrive maintenant à cette partie du

en dernier ressort. Cela est surtout vrai pour la Grèce, où les juges sont inamovibles, et d'autant plus indépendants qu'il n'existe pas chez nous, comme ailleurs, aucune espèce de tribunaux administratifs, ni un Conseil d'Etat à qui appartient, dans d'autres pays, l'interprétation des actes de concession de mines. Sur ce point je n'ai qu'à rappeler l'exemple déjà cité de ce qui s'est passé en France après la loi du 1825.

Quoi qu'il en soit, je me suis aussi livré à l'examen de cette question. Il est vrai que nous pourrions nous borner à répondre aux gouvernements de France et d'Italie, qu'il n'existe aucun motif justifiant une intervention en faveur de la compagnie, puisqu'il ne s'agit ni d'un déni de justice, ni d'une protraction inconstitutionnelle de la justice, ou du pouvoir législatif. Mais j'ai cru qu'il valait mieux les convaincre en même temps, que la manière de voir sur laquelle s'appuie la loi sur les ecvolades est la seule vraie, et que la compagnie franco-italienne non seulement n'a pas perdu, par l'effet de cette loi, la faculté d'avoir recours aux tribunaux, si elle diffère l'opinion, mais encore qu'elle n'a fait que forger une fable, en parlant de droits quelconques qu'elle aurait acquis sur les ecvolades. Cette tâche est d'autant plus nécessaire que cette compagnie est parvenue à égarer l'opinion publique de l'Europe ; et cela va si loin que, même parmi les défenseurs des droits de la Grèce, il y en a beaucoup qui croient à *l'existence d'un acte de concession des ecvolades, lequel aurait été révoqué par une loi.*

Je crois hors de propos de recourir aux auteurs romains et byzantins pour prouver, par l'autorité de l'histoire et les textes, l'uniformité du système de législation, auquel était jadis soumise l'Attique en ce qui regarde les mines et le droit de leur exploitation. Cet examen rétrospectif serait oiseux ; car la question Mémoire où M. le premier ministre s'évertue à prouver que cette loi est basée sur le droit en vigueur en Grèce, et que je n'ai jamais obtenu un titre de concession sur les ecvolades.

La tactique suivie par le savant jurisconsulte et Président du Conseil des ministres, en ce qui concerne l'examen de propriété des mines—en rapprochant et combinant le droit Turc au droit Bavarois, qui n'a jamais été reconnu en vigueur en Grèce,— me paraît étrange. On sait que la première Assemblée Nationale, qui a été convoquée, après la Révolution, à Epidaure, a proclamé que le droit Byzantin serait en vigueur, et d'après ce droit toute restriction de la propriété dérivant du droit Ottoman, et notamment la propriété du chef des croyants sur toutes les terres soumises au tapou, a été abolie. C'est ce droit Byzantin qui depuis lors régit la propriété en Grèce et c'est uniquement d'après ces lois que nous devons étudier les questions qui ont trait à la propriété des mines.

De l'examen des dispositions du droit Romain, il ne saurait surgir le moindre doute que, chez les Romains, il y avait des mines publiques et privées, autres que celles acquises par concession de l'Etat. Sous la République, la plupart des mines étaient propriété privée; et si une plus grande partie d'entre elles sont devenues publiques sous les Empereurs, c'est à cause des nombreuses conquêtes et confiscations qui eurent lieu. On ne trouvera aucune disposition de loi consacrant le principe que toutes les mines, où la concession ne pouvait être prouvée, appartenaient à l'Etat.

Dans la seconde partie de son ouvrage du droit romain sur les mines, Flave, en examinant les différentes espèces de mines relativement à leur propriété, les divise en deux catégories : 1° En mines de l'Etat, acquises *par la conquête ou la confiscation* des biens de personnes con-

qui nous occupe relève aujourd'hui d'une législation toute moderne et encore en pleine vigueur dans notre pays.

Les premiers législateurs du royaume grec furent les Bavarois de la Régence. Ceux-ci furent appelés à doter de lois un pays à peine tiré de la domination du plus absolu des princes, le Sultan, et ils venaient eux-mêmes de la Bavière, c'est-à-dire d'un Etat soumis depuis le XVème siècle au régime du droit régalien (Bergregal), qui comprenait tout ce qui concerne les mines, s'étendant, d'après l'Ordonnance de 1784, sur toute substance minérale en filons, en couches, en amas et en alluvion, en en général sur toute *substance métallifère*.

«La législation, sous l'empire de laquelle se développe l'industrie minière de la Bavière, est fondée sur le droit régalien, qui parait avoir été en vigueur dans ce royaume dès le XVme siècle. Les siècles suivants n'ont fait que tirer des principes du droit régalien les diverses conséquences dont l'ensemble forme, en ce qui concerne les mines, ce système légal et administratif, commun aux Etats de l'Allemagne, dont nous possédons déjà les éléments.

»Une question fort importante en Allemagne est celle de savoir quelles sont les substances auxquelles s'applique le droit régalien; une Ordonnance de 1784 la résout pour la Bavière. D'après cette ordonnance, le droit régalien comprend toutes les espèces de substances minérales, en filons, en amas et en alluvion, et non pas seulement les substances métallifères.» (Edouard Dalloz, *De la propriété des mines*, II, p. 630).

Ces législateurs Bavarois devaient, comme de raison, introduire chez nous en matière de mines le système de Bavière, d'autant plus que ce système semblait indiqué par les traités internationaux et les protocoles échangés entre la Grèce, les Etats européens et la Turquie. D'après ces documents les droits régaliens du Sultan étaient transmis pleins et entiers à l'Etat grec. (Protocole du 4/16 juin 1830 et Convention du 18 mars 1835).

damnées ou par leur extraction; 2° En mines appartenant à des *particuliers*, qui ont déjà été ouvertes, ou qui leur ont été concédées par l'Etat moyennant un impôt fixé de la même manière que pour toute autre propriété.

Clostermann aussi, dans le Livre premier § 1 de son *Manuel du droit prussien sur les mines*, s'exprime ainsi:

«D'après le Droit romain, jusqu'au IVme »siècle après Jésus Christ, le maître du sol, »y avait le droit absolu d'exploitation de n'importe quelle espèce de métal, comme le témoignent diverses lois des Pandectes.

»A partir du IVme siècle, quelques ordonnances impériales venues jusqu'à nous, tendent à limiter le droit de propriété en ce qui »concerne le droit d'exploitation; elles contiennent en germe la libre recherche des métaux. Ces ordonnances se trouvent dans le »Code de Théodosien, soit dans le recueil des »édictes fait par Théodose le Jeune, Titre XIX, »Livre X, où il est parlé des mines et des exploitants (*des Metallis et Metallariis*).

»Ces dispositions concernent l'exploitation »des marbres qui, sous les empereurs romains, avait pris un grand développement, »comme il a été dernièrement prouvé par la »découverte de dépôts de marbres enfouis »dans le marché sur le Tibre. Mais dans les »ordonnances il est aussi question d'autres espèces de mines et de filons métallifères »(cautes, venœ, saxorum).

»La première de ces ordonnances est un »Rescrit (rescriptum) de Constantin, adressé »à l'intendant (rationalem) des revenus de la »province d'Afrique (320), autorisant tout le »monde à extraire des marbres de n'importe »quelle carrière, à les travailler et à les vendre. En 363 Julien étendit cette disposition »à tout l'Orient.

»Ces ordonnances, à cause de la manière »vague dont elles sont formulées, peuvent soulever des hésitations à savoir si le législateur »se proposait de consacrer une limitation légale au droit absolu de propriété, en faveur »de la libre extraction du marbre, ou s'il s'agissait de l'abolition de quelque disposition »inconnue défendant aux propriétaires le »droit d'exploitation. Deux ordonnances postérieurs de 382 et 393 plaident en faveur de »la première hypothèse.

»En 382, les empereurs Trajan, Valentin

En ce qui regarde l'Attique, cette succession d'un pouvoir à un autre offre quelque chose d'exceptionnel. En effet l'Attique ne s'est pas affranchie en même temps que les autres provinces; elle a été cédée par traité au royaume hellénique, et la cession n'a eu lieu que le 10 février 1833, juste au moment où les Bavarois étaient occupés à transplanter dans le nouveau royaume les lois de leur patrie. De sorte que relativement à l'Attique il n'y eut aucun intervalle entre les deux législations.

Jetons d'abord un coup d'œil sur la législation turque en fait de mines, législation que les Allemands trouvèrent encore en vigueur.

Nous possédons dans nos archives un précieux document sur cette législation : c'est la réponse à des éclaircissements demandés, il y a quelques années, par le Gouvernement hellénique à celui de la Sublime Porte. D'après ce document les mines, sans exception, appartenaient à l'Etat; au Laurium, les terrains eux-mêmes étaient une propriété du domaine, ayant été cédés l'an de l'Hégire 1205 (1790 P. C.) à la Monnaie.

A ces renseignements officiels j'ajouterai l'opinion de M. E. Dalloz, qui s'est occupé spécialement de la législation sur la propriété des mines dans tous les Etats de l'Europe et la Turquie, depuis l'antiquité la plus reculée jusqu'à nos jours. (Dalloz, *De la propriété des mines*, II, page 704).

«D'après le Koran, Dieu seul est le propriétaire réel, absolu de la terre, et les hommes n'en sont que des possesseurs, des usufruitiers. Le Miri, ou Trésor public, revendique comme la tenant de Dieu, la propriété du sol, et l'Imam (le Sultan) en est l'administrateur. Le sol, selon la loi Turque fondée sur le Koran, est ainsi réputé appartenir à l'Etat et cette attribution s'applique au fond comme à la surface. Le droit régalien le plus absolu, élevé à la hauteur d'un dogme religieux, est donc, en Turquie, le point de départ et le fondement de toute la législation minière.

»et Théodose ordonnent que quiconque, en »observant les règles de l'exploitation, extrait »des marbres dans la propriété d'autrui, doit »payer le dixième au propriétaire, un autre »dixième au fisc (fiscus); le reste est pour lui.

»En 393, les empereurs Théodose, Arca»dius et Honorius, ont publié une ordonnance »défendant la recherche abusive des métaux »dans la propriété d'autrui; ce qui prouve que »l'exercice du droit de chercher des métaux »n'importe où, avait lieu auparavant sans au»cun obstacle.

»Dans le Code Justinien de l'année 580, »n'ont été comprises, des susdites ordonnan»ces, que celles des années 382 et 393, qui »réglaient le droit à payer pour l'exploitation »dans des terrains appartenant à des parti»culiers et qui défendaient d'étendre l'extrac»tion jusqu'au dessous des fondements des »maisons.

»Mais le sens de ces ordonnances, comprises »dans le Code Justinien, devient très-douteux, »car dans un très grand nombre de passages »des Pandectes, il est reconnu le droit absolu »du propriétaire du sol, pour l'exploitation et »l'extraction des mines et carrières qui se »trouvent dans sa propriété. Il est donc fort »probable que la libre recherche des métaux »consacrée au commencement de l'empire, a »été abolie avant la codification du droit ro»main par Justinien et que les ordonnances »susmentionnées qui ont été comprises dans »le Code de Justinien, n'avaient qu'une signi»fication passagère, en vigueur pour les mi»nes, qui, sous l'empire de la législation pré»existante, avaient été ouvertes sur un terrain »appartenant à des particuliers.»

Le même principe a été admis aussi en 1861 par les ministres hellènes de l'intérieur et des finances, dans leur rapport qui précédait la loi sur les mines soumise à la Chambre et votée par elle.

Voici comment s'expriment les susdits ministres sur la propriété des mines; ils reconnaissent en vigueur ces principes qu'ils se proposaient de changer par le projet de loi soumis:

«Examinons maintenant si et jusqu'à quel point *les principes de droit sur la propriété et l'usage des mines en vigueur chez nous,* sont conformes à ce qui a été exposé plus haut.

»Tout propriétaire de terrains où se trou-

»L'Etat, c'est-à-dire le Sultan, étant, comme représentant de Dieu sur la terre, propriétaire de toutes les mines de l'Empire, a le droit de les exploiter directement pour son compte; et c'est ce qui a lieu en effet pour le plus grand nombre des mines et usines.»

Telle est la législation sur les mines que les Allemands trouvèrent en vigueur à leur arrivée. D'accord avec elle, ils attribuèrent ce droit régalien à la juridiction du secrétaire des finances, par la loi organique sur les attributions de la secrétairerie des finances en date du 3/15 avril 1833, art. 3, ch. 8.

«Zu dem Wirkungskreise des Ministeriums ber finanzen gehoren: der pergbau des staats, dessen Erweiterung und vortheilhafte Betreibung; die Bewahrung und Nuzbarmachung *des Bergregals*.

»Aux attributions du Secrétaire des finances appartiennent: l'exploitation des mines, son développement et sa bonne administration; la conservation *du droit régalien* sur les mines.»

D'après cette loi très explicite, personne, ni avant la cession de l'Attique au royaume hellénique, ni après cette cession par traité, ne pouvait acquérir de droits de propriété sur les mines et les minerais du Laurium, sans s'entendre au préalable avec le ministre des finances, qui seul était chargé de *garder*, de *développer*, et d'*utiliser* ce droit régalien. Depuis lors, le Gouvernement hellénique d'accord avec cette loi, a continué à se considérer comme seul propriétaire de mines, et à appliquer dans toute sa rigueur le principe du droit régalien.

Quoiqu'on ne puisse citer un seul fait qui infirmerait ce principe, je crois, néanmoins, devoir citer quelques exemples de la rigueur avec laquelle il a toujours été appliqué :

1° D'après les instructions qui suivirent l'ordonnance du 12/23 novembre 1835 sur l'inventaire des biens nationaux et des droits régaliens, instructions approuvées par le Roi le 18 février 1836 et publiées dans le *Journal officiel* (N° 7), »vaient des mines, avait, sous les Empereurs, »le droit de les exploiter, mais il devait payer »au fisc le dixième du revenu; ce droit pou»vait être aussi concédé par le Gouvernement »sur la propriété d'autrui, et dans ce cas l'ex»ploitant devait payer un dixième du revenu »au trésor public et un dixième au proprié»taire.»

Voilà quelle était l'opinion du gouvernement, opinion admise par les Chambres en 1861, sur le droit en vigueur en Grèce touchant les mines: cette opinion du pouvoir exécutif ne regardait pas comme existante ou dominante une loi toute récente que M. Déligeorges s'efforce de trouver dans le protocole entre la Grèce, la Turquie et les Puissances protectrices et dans l'ordonnance royale en date du 3/15 avril 1833 sur les devoirs du Secrétariat d'Etat au département des finances.

Et cependant je n'ai aucune difficulté à examiner combien peuvent être justes les conclusions que le premier ministre tire de ces documents officiels. Il est vrai que les protocoles reconnaissent que le Gouvernement hellénique aura sur les provinces qui ont été réunies au royaume de Grèce, tous les droits qu'avait sur elles le Gouvernement ottoman. Mais M. le ministre pense-t-il que, par suite de ce protocole, on ait reconnu aux Grecs le même droit de propriété que sous les Sultans?

D'après le Code Ottoman (Kanounamé) il y a eu une distinction entre les terrains des particuliers et ceux du domaine. Dans la première catégorie sont compris les terrains vagues qui se trouvent dans les villages, hameaux, et dans les localités d'une étendue d'un demi stemme et au-dessous, lesquels, se trouvant auprès d'eux, sont considérés comme annexes des habitations; et dans la seconde les terrains dédiés qui se divisent en deux catégories: dans ceux qui, de véritables propriétés privées sont devenus, d'après la loi, des terrains dé-

« sont considérés comme droits régaliens a) les salines, b) *les minerais*, c) le charbon de terre, d) les carrières, e) *les minières de terre*, f) les eaux minérales, g) les pêcheries.

2° Malgré le régime constitutionnel établi en 1843 les droits régaliens furent respectés. En effet nous voyons établir à l'époque de la réorganisation du ministère des finances, qui eut lieu le 10 février 1851, une section particulière des droits régaliens, à laquelle sont attribués les salines, les métaux et minerais, les sources chaudes, les forêts, l'imprimerie nationale, la monnaie et les postes.

3° En vertu du principe de droit régalien, jamais un minerai ou une substance métallique quelconque ne furent considérés comme *propriété particulière*, à moins d'une entente préalable avec le gouvernement. Les pierres meulières, le plâtre, les eaux minérales, le charbon de terre, le cuivre, le minerai de fer, la magnésie, l'écume de mer, les tourbières, le plomb argentifère, furent toujours considérés comme appartenant à l'Etat, et comme tels ils donnèrent lieu à la promulgation d'un grand nombre de lois et d'ordonnances, réglementant ces droits de l'Etat, ainsi qu'à la conclusion d'une foule de contrats avec des particuliers, à de fouilles, des levés de plans et analyses chimiques ; ainsi que l'attestent les archives des ministères de l'intérieur et des finances, qui sont encombrés de semblables documents.

4° Dans notre code pénal (art. 226, ch. 2, *de l'usurpation des droits régaliens, salines, minerais*, etc.), ont été insérées textuellement les dispositions du cinquième chapitre du code pénal bavarois sur les droits régaliens.

5° Sub N° 24056 et en date du 2/14 décembre 1830, se trouve spécialement pour le Laurium une ordonnance royale, qui enjoint au ministre des finances de

diés (vacoufs) et dans ceux qui, séparés des terrains publics, ont été dédiés par les grands empereurs ou par d'autres—avec l'autorisation du Sultan (art. 2 à 4).

D'après l'article 107 du même Code l'or, l'argent, le cuivre et différentes pierres : le plâtre, le soufre, le nitre, le charbon, le sel et autres minerais, qui seraient découverts dans les terrains du domaine, appartiennent au fisc. Les minerais, découverts dans les terrains véritablement dédiés (c'est-à-dire dans ceux qui, de propriété privée, sont devenus bien dédiés) appartiennent aux biens dédiés ; et les minerais, qui seraient découverts *dans les terrains appartenant à des particuliers*, situés dans les limites des villages et hameaux, *appartiennent tous à leurs propriétaires*. (Voir Traduction D. Coumoundouraki, page 6, 7, 49 et 50). Sous la domination turque, le Sultan n'avait aucun droit particulier sur les mines, mais il en était le maître en vertu de son droit de propriété sur le sol. C'est là l'opinion de Dalloz que M. le Président du Conseil des ministres cite et invoque dans son Mémoire. Telle est aussi la réponse de la Sublime Porte que, à ce qu'il dit, le gouvernement hellène a provoqué, il y a quelques années (*Journal de la Chambre*, page 381).

Tous les biens des Sultans, tels que salines, pêcheries, les mines ouvertes ou en cours d'exploitation, sont tombées, après la Révolution grecque, dans le domaine de l'Etat hellénique ; mais tout ce qui ne faisait pas partie du domaine privé du Sultan, a été, après la Révolution, réglé d'après les lois byzantines, le droit du conquérant sur la propriété ayant été aboli. Par conséquent le rapport des mines inconnues et ignorées du temps des Sultans vis-à-vis des propriétaires du sol a été réglé par la loi byzantine de la même manière qu'a été réglée la propriété en général dont

mettre aux enchères l'exploitation des mines du Laurium.

6° Je regarde comme dignes d'une mention particulière, à cause de leur clarté et de leur généralité, l'arrêté sub N° 2034 et en date du 19 juin 1837, du Gouverneur de l'île de Syra, et celui sub N° 13711, daté du 30 septembre 1839, du ministère de l'intérieur d'après lesquels tous les métaux et les mines sont considérés comme *propriété de l'Etat* et sont exploités par lui soit directement, soit par des tiers en vertu d'un contrat.

Ainsi le principe du droit régalien a toujours été et reste encore en pleine vigueur, aucun acte législatif postérieur n'étant venu l'abolir. Quand à la loi de 1861 sur les mines, elle n'a pas aboli le droit régalien; elle n'a fait que réglementer ce qui concerne la disposition des substances minérales, dont elle traite spécialement. Cette loi, plus qu'aucune autre postérieure, n'a jamais consacré en Grèce le principe consacré en France par l'article 522 du Code Civil, d'après lequel «la propriété du sol emporte la »propriété du dessus et du dessous».

les minerais sont généralement un appendice.

Avant la promulgation du Code Civil les métaux, en France, appartenaient à l'Etat; mais en 1803 on promulgua le Code Napoléon qui consacra le nouveau principe «que la propriété du sol emporte la propriété du dessous.» Maintenant, je le demande: à qui appartenaient les mines découvertes après la promulgation du Code? Elles appartenaient incontestablement au propriétaire de la surface du sol, parcequ'une mine inconnue n'existe pas, et une fois découverte elle est, nécessairement, régie par la loi en vigueur à l'époque où elle a été découverte. Il en est de même en Grèce. Toutes les mines, en cours d'exploitation sous la domination ottomane, appartenaient au Sultan et sont tombées dans le domaine de l'Etat hellénique; mais celles qui ont été découvertes depuis 1822 dans quelques provinces et depuis 1833 en Attique et dans d'autres provinces sont réglées par le droit byzantin parceque c'est sous l'empire de ce droit et non du droit Ottoman qu'elles ont reçu l'existence.

Nous arrivons maintenant à la fameuse ordonnance organique du 3/15 avril 1833, touchant les fonctions du Secrétariat d'Etat au Département des finances.

J'ai développé plus haut que ce n'est pas le droit Ottoman, mais le droit Byzantin que les Bavarois ont trouvé en vigueur en Grèce, lequel reconnaît des mines publiques et privées. C'est, par conséquent, conformément à ce droit qu'ils ont réglé les fonctions du Secrétaire au Département des finances. L'article 2 lui a confié entre autres la surveillance, la culture et l'amélioration des biens de l'Etat, c'est-à-dire des vignobles, des raisins de Corinthe, des mines de sel, etc.

Le paragraphe 4, notamment, a confié au susdit Secrétaire d'Etat la culture des mines de l'Etat. (Der Bergbau des

Staats), leur développement et leur application profitable (dessen Erweiterung und vortheilhafte Betreibung), l'entretien et l'utilisation du droit régalien des mines (3ewahrung und Nutzbarmachung des Bergregals).

Que ressort-il de ce passage de la dite loi organique, sinon que l'on a confié au Secrétariat d'Etat l'intendance et la gestion des mines qui appartenaient à l'Etat, ainsi que de ses autres biens? Peut-on en conclure, sans erreur, que le législateur a entendu déclarer toutes les mines propriété nationale? Puisque, en 1833, en vertu du droit Byzantin alors en vigueur, il y avait, comme il a été dit, des mines publiques et privées, peut-on admettre que le législateur, se proposant de changer une disposition très-essentielle du Code Civil sur la propriété, se serait contenté d'une loi organique et de compétence du Secrétariat des finances, et n'aurait pas fait à ce sujet une loi spéciale, comme il l'a fait pour d'autres dispositions moins essentielles du même Code Civil?

Mais cette loi organique, dit le Mémoire du premier ministre, parle d'un droit régalien et le reconnaît. Oui, mais par droit régalien la loi entend le droit de surveillance des travaux métallurgiques, d'inspection des mines, de perception des droits appartenant à l'Etat, etc. La susdite ordonnance n'a pas entendu donner aussi au Secrétaire d'Etat au Département des finances le droit de déclarer nationales les propriétés privées et d'avoir soin de les utiliser.

Etant prouvé (et l'on ne saurait avoir le moindre doute à ce sujet) que la propriété des mines était, jusqu'en 1861, régie par le droit romain, et qu'aucune loi plus récente ne l'a autrement réglée, je vois qu'il est parfaitement inutile de répondre aux instructions données aux éphores (inspecteurs) et de l'arrêté du Gouverneur de Syra; de pareils actes, ne concernant que l'administration, et étant adressés uniquement dans un but déterminé, ne peuvent être sérieusement pris en considération pour la solution d'une question de droit de propriété privée.

L'invocation de l'article 226 du Code Pénal prévoyant l'appropriation des droits régaliens, mines, salines, etc., ne me paraît pas plus heureuse, cette disposition étant générale et n'ayant d'autre but que de punir celui qui s'approprierait les droits du roi sans les spécifier.

D'ailleurs les instructions données aux inspecteurs des finances, et la susdite disposition du Code Pénal, témoignent de l'intention du législateur de consacrer un droit régalien sur les mines, droit qui, cependant, n'a jamais été formulé avant 1861. Le gouvernement qui a rédigé la loi de 1861 sur les mines, et les Chambres qui l'ont votée n'avaient pas une autre opinion.

III

Malgré cela, la compagnie Roux-Serpieri ose soutenir que les ecvolades du Laurium sont régies par la loi de 1861 sur la concession de mines, et lui ont été concédées en vertu de cette loi et d'après ses dispositions. Je me vois donc forcé d'examiner : 1° si cette loi de 1861 a entendu disposer sur la concession des ecvolades; 2° si, en effet, une partie des ecvolades du Laurium a été concédée en vertu de cette loi à la société Roux-Serpieri.

A la rigueur, je pourrais laisser de côté cette question, puisqu'il est généralement admis qu'un Etat possède le droit de faire des lois, même *contraires aux lois existantes,* quand il n'existe pas de droits acquis, comme dans le cas. Et cette absence de droits acquis sur les ecvolades, de la part de tous ceux qui, comme la compagnie Roux-Serpieri, ont obtenu des con-

En suivant à la lettre le Mémoire ministériel, je vais examiner : 1° si la loi de 1861 sur les mines a entendu parler aussi de la disposition des ecvolades et 2° si une partie des ecvolades du Laurium m'a été, en effet, concédée.

Dans l'examen de la première question, le Président du Conseil des ministres invoque la loi française de 1810, où le législateur a puisé les dispositions de la loi hellénique. Il conclut, sans difficulté, que, d'après l'interprétation donnée à la loi française, les ecvolades de sont pas soumises aux dispositions de la susdite loi.

D'après la loi française de 1810, la classification d'une substance minérale parmi les mines est tout-à-fait indépendante de la place où elle se trouve, qu'elle soit à la surface ou dans les entrailles de la terre.

cessions de mines du plomb sulfureux argentifère en vertu de la loi de 1861, est si manifeste, qu'aucun d'eux n'a jamais réclamé. L'examen de cette question est d'autant plus inutile que la loi sur les ecvolades n'a pas abrogé ni modifié les lois existantes, et que même en admettant que la loi de 1871 ait pu abroger celle de 1861, ceux qui auraient acquis des droits par cette loi les auraient conservés, puisqu'une loi ne peut pas avoir un effet rétroactif sans donner droit à une indemnité, qu'aucune loi n'a aboli ni peut abolir en Grèce en violant la Constitution.

A'.

La loi hellénique de 1861 sur la concession des mines est une traduction de la loi française de 1810. Or l'interprétation de cette loi a consacré en France, qu'elle ne concerne que les mines natives et qu'elle ne saurait s'appliquer à des matières minérales mises à découvert, extraites et déplacées par le travail de l'homme, telles que les ecvolades.

Si cette interprétation est juste, il en résulte, que le droit régalien sur les ecvolades, fondé sur les lois citées ci-dessus, est resté intact, et que le ministre des finances n'est en Grèce que le gardien de ces matières, dont il ne saurait disposer sans une loi spéciale.

Le but que se proposent la loi française de 1810 et notre loi de 1861 est identique. La loi française a pour objet de réglementer la concession d'un terrain «pour l'exploitation des substances miné»rales ou fossiles renfermées dans le sein »de la terre ou existantes à la surface, »lorsqu'elles se trouvent en couches, »en filons ou en amas.» De sorte que quand il s'agit de matières autres que celles ci-dessus mentionnées, ou sous un état différent, la loi cesse d'être applicable, ce qui est le cas pour des minérale, c'est-à-dire sujette à concession, ce n'est pas le mode d'exploitation que l'on doit examiner, mais sa qualité naturelle.

Pour savoir si une substance est minérale, c'est-à-dire sujette à concession, ce n'est pas le mode d'exploitation que l'on doit examiner, mais sa qualité naturelle.

« La qualification de mine concessible», dit Dalloz, «s'applique à tout gîte minéral, d'a» près la nature même, indépendamment de » la question de savoir s'il s'étend en profon» deur et s'il s'exploite par puits et galeries, » ou *s'il est superficiel* et s'il s'exploite par » des travaux *à ciel ouvert.*»

Ainsi d'après la loi française, ce sont les substances *minérales ou fossiles* qui gisent dans le sein de la terre ou *qui existent à la surface*, qui constituent l'objet de la propriété de la mine.

Telle est la disposition générale de la loi française que le législateur hellène de 1861 a adoptée avec de légères modifications dans le texte qui donnent à la loi grecque sur les mines un sens plus précis en ce qui a trait à l'exploitation des matières qui se trouvent à la surface comme les ecvolades. Ainsi au lieu des mots *existantes à la surface* de la loi française, la loi grecque emploie le mot *gisant* (κείμεναι). Le législateur a eu, en outre, soin d'effacer de l'article 1° quelques expressions du même article de la loi française, ce qui a fait croire à quelques-uns que la classification d'une substanee minérale quelconque parmi les mines, dépendait du mode d'exploitation. Voici les deux textes :

Texte Français *(Loi de 1810)*	Texte Grec *(Loi de 1861)*
Art. 1. Les masses des substances minérales ou fossiles renfermées dans le sein de la terre ou existantes à la surface, sont classées relativement aux règles de l'exploitation de chacune d'elles sous les trois qualifications de mines, minières ou carrières.	Art. 1. Les masses des substances minérales ou fossiles renfermées dans le sein de la terre ou gisant (κείμεναι) à la surface, sont classées sous les trois qualifications de mines, minières et carrières.

nerais déposés par la main de l'homme et non par la nature.

Je dois dire qu'il ne m'est jamais arrivé de rencontrer une interprétation aussi unanime d'une loi tant soit peu importante. Aucun auteur ni aucun tribunal en France ou en Belgique (où cette loi est aussi en vigueur) n'ont jamais soutenu une opinion contraire.

Du reste cette interprétation est non-seulement conforme à l'esprit de la loi française et de la nôtre, mais elle paraît avoir encore l'avantage d'offrir la seule idée satisfaisante qu'on puisse se faire des ecvolades. Aussi faut-il mentionner qu'on ne rencontre une seule législation européenne, qui n'établisse une distinction, en ce qui a rapport au mode de concession, entre les mines et les anciennes haldes. On ne rencontre un petit nombre d'exceptions que dans quelques législations tout récentes, datant à peine de quinze ans, époque à laquelle les anciens rejets et scories, qui offraient quelque importance, ayant été presque épuisés sous un régime qui les distinguait des mines, ce qui en restait n'offrait plus qu'une valeur insignifiante. Telles sont les lois d'Autriche (23 mai 1851), de Saxe-Weimar (22 juin 1865), de Schwazbourg (25 février 1860), de Saxe (16 juin 1868), de Prusse (24 juin 1865), d'Espagne (3 juin 1859). Mais même parmi ces législations il n'y en a qu'un petit nombre qui aient compris dans la concession d'une mine celle des haldes et des scories existantes dans le même périmètre, et cela n'a été admis qu'en vertu de dispositions *spéciales* et *explicites* de la loi, puisque auparavant les scories et les haldes n'ont jamais été reputées faire partie de la mine concédée, et le concessionnaire n'acquerait aucun droit sur ces matières par le seul fait de la concession de la mine.

Ainsi M. Blavier dans sa *Jurisprudence générale des mines en Allemagne,* 1825, I, p. 42, dit :

En rapprochant les deux textes, on remarque que les mots : *relativement aux règles d'exploitation de chacune d'elles,* de la loi française, que quelques-uns ont interprétés à tort, en prétendant que le mode d'exploitation devait être pris en considération pour la classification des substances minérales, ont été regardées comme équivoques par le législateur hellène de 1861, qui a eu soin de les faire disparaître. Il est donc incontestable que, d'après la législation grecque moderne, il faut prendre en considération la nature d'une substance minérale, indépendamment du lieu où elle se trouve et du mode d'exploitation, pour décider si elle fait partie de la mine concédée. Et, cependant, dans son mémoire, M. le premier ministre prétend faire une distinction arbitraire, distinction qui n'existe pas dans la loi, entre les substances minérales qui se trouvent là où elles ont été déposées par la nature, et celles qui sont des rejets d'une exploitation antérieure abandonnée.

A l'appui de l'interprétation, dont on vient de parler, il ne serait pas inutile de prendre en considération la différence qui existe dans le texte de l'art. 2 entre la loi française et la loi grecque :

Texte Français	Texte Grec
Seront considérées comme mines celles connues pour contenir en filons, en couches ou en amas, de l'or, de l'argent, du platine, du mercure, du plomb, du fer *en filons* ou *couches*, du cuivre, de l'étain, du zinc, de la calamine, du bismuth, du cobalt, de l'arsenic, du manganèse, de l'antimoine, du molybdène, de la plombagine, ou autres matières métalliques, du soufre, du charbon de terre, ou de pierre,	Est considérée comme mine celle qui contient en filons, en couches ou en amas, *des métaux proprement* dits, savoir : de l'or, de l'argent, du platine, du mercure, du plomb, du fer, du cuivre, de l'étain, du zinc, du bismuth, du cobalt, de l'arsenic, du manganèse, de l'antimoine, etc., etc., soit *purs*, soit *oxydés*, ou *diversement combinés*.

«Une demande en concession est encore exigible de la part de ceux qui veulent utiliser, à leur profit, des anciens dépôts de minerai, qui proviennent ou de l'exploitation elle-même, ou des fonderies, dans le cas où ces matières n'auraient point été vendues par les intéressés, après en avoir donné avis au Bergmeister.»

Mais revenons à la loi française. Le rapporteur de cette loi M. Stanislas de Girardin, expose avec une grande clarté l'objet qu'elle se propose. Son exposé exclut toute idée de rejets ou ecvolades, c'est-à-dire de minéraux non élaborés par la nature, mais extraits et accumulés sur la surface de la terre par la main du mineur. Et il n'en saurait être autrement; car on ne rencontre pas et l'on ne saurait appliquer à ces rejets aucun des attributs, qui ont motivé le *droit exceptionnel* sur lequel repose cette loi; ni l'*inconnu* en *étendue, quantité* et *qualité* du métal existant dans l'espace concédé, ni l'*indivisibilité* qui empêcherait sa répartition d'après la division des propriétés de la surface, ni le *danger* qui résulte des causes précédentes pour les capitaux.*

du bois fossile, des bitumes, de l'alun et des sulfates à bases métalliques.

De la comparaison de ces deux articles, il résulte que le législateur hellène ne suivit pas à la lettre la loi française quoiqu'il l'eût sous les yeux, mais qu'il formula d'une manière expresse les dispositions de la loi grecque de façon à prévoir les contestations que l'obscurité de la loi française aurait pû soulever, en suivant des principes plus généraux consacrés dans les législations modernes. Ainsi tandis que la loi française énumère en détail les métaux et l'état dans lequel chacun d'eux se trouve, le législateur hellène caractérise comme mine, en général, l'étendue qui contient les *métaux proprement dits* soit *à l'état pur,* soit *oxydés,* ou *diversement combinés.*

Le législateur pouvait-il exprimer d'une manière plus générale, plus claire, sa volonté, en opposition à l'obscurité de la loi française, que toute l'étendue contenant des substances métallifères, dans quelque état et quelque lieu qu'elles se trouvent et n'importe comment elles ont fait partie du sol, est regardée comme mine et est régie par la susdite loi?

En 1861 le législateur avait en vue les législations de tous les Etats de l'Europe, et notamment les anciennes, et les lois plus modernes des différents Etats Allemands qui ont prévu ce qui concerne les débris d'une ancienne exploitation, ou les ecvolades. Il savait en même temps qu'en Grèce aussi, on avait fait, dans les anciens temps, des travaux miniers importants dont Strabon parle en termes formels. Par conséquent, si le législateur s'était proposé de ne pas suivre les législations modernes, d'après lesquelles les ecvolades forment une partie inséparable de la mine, mais d'excepter ces minerais-rejets des dispositions de la loi de 1861, non-seulement il n'aurait pas gé-

* Voici l'excellent rapport justificatif de M. Stanislas de Girardin, que je crois devoir vous soumettre en entier.

«L'opinion de ceux qui veulent consacrer en principe que les mines font partie de la propriété du sol, a été victorieusement réfutée par Mirabeau; qu'il nous soit permis de vous rappeler ses paroles pleines de sens et de force, les dernières proférées par lui à la tribune de l'Assemblée constituante: — «Si l'intérêt commun et la justice sont les deux fondements de la propriété, l'intérêt commun ni l'équité n'exigent pas que les mines soient les accessoires de la surface. L'intérieur de la terre n'est pas susceptible d'un partage; les mines, par leur marche irrégulière, le sont encore moins. Quand à la surface, l'intérêt de la société est que les propriétés soient divisées; dans l'intérieur de la terre il faudrait, au contraire, les réunir. Ainsi la législation qui admettrait deux sortes de propriété, comme accessoires l'une de l'autre, et dont l'une serait inutile par cela

Que sont donc les ecvolades ? Elles sont une *marchandise*, par la raison qu'un minerai, qu'il soit riche ou pauvre, de grande ou de minime valeur, dès qu'il est extrait et déposé sur le carreau de la mine, peut devenir un objet de commerce. C'est pour cette raison que, d'après plusieurs législations de néralisé la définition du 1 et du 2 article, mais il aurait, au contraire, prévu autrement et en aurait autrement disposé, sachant que des terres placées et situées depuis deux mille ans sur le sol et sur lesquelles ont poussé de grands arbres, devaient, naturellement, être considérées comme faisant partie du sol. Il était impossible de pénétrer dans les anciennes mines et de travailler dans les entrailles de la terre, sans que le mineur passât par les ecvolades situées à la surface du sol et aux alentours de ces mines. Nous ne pouvons pas refuser au législateur de 1861 la prévoyance de sauver des mains du propriétaire de la mine ce bien national, s'il le regardait comme tel, et s'il avait l'intention de le séparer de la mine.

Le Président du Conseil des ministres se trompe gravement lorsqu'il croit trouver une affinité entre les scories et les ecvolades.

Les scories sont les restes de la fusion et, par conséquent, un produit de l'art métallurgique, dont le travail a changé l'état primitif. Transportables de leur nature, elles ne perdent jamais cette propriété quel que soit le nombre de siècles qu'elles restent sur le sol ; mais les ecvolades, minerais-rejets de l'exploitation des mines se trouvant dans leur état primitif, n'ont subi, par le travail des hommes, d'autre altération que celle d'avoir changé de place ; elles sont restées dans l'étendue à laquelle elles appartenaient naturellement et ont fait de nouveau partie du sol métallifère des entrailles duquel elles ont été transportées ailleurs. Et même qui pourrait affirmer que plusieurs de ces matières gisant à présent là où la main de l'homme les a déposées, n'aient pas subi de changements notables de position par le fait d'événements indépendants de la volonté de l'homme, tels que les pluies torrentielles, les secousses du sol, etc. ! ? Je crois donc avoir toujours considéré, avec

---

seul qu'elle aurait l'autre pour base et pour mesure, serait absurde.

»Pour éclaicir la question que nous discutons, il faut avant tout se faire une idée bien nette de ce qu'est une mine, et s'en mettre, si l'on peut s'exprimer ainsi, le plan sous les yeux par la pensée. — Les mines sont des couches de combustible, ou des filons de substances métalliques, qui se prolongent quelquefois sur une étendue de plusieurs myriamètres, et qui s'enfoncent diversement dans le sein de la terre jusqu'à des profondeurs indéfinies. — Pour exploiter une mine avec avantage, d'une manière régulière et durable, il faut la traiter en masse ou dans les sections d'une certaine étendue, réglées, sur le gisement et les allures des couches ou des filons. Il faut faire abstraction des limites de la surface et surtout de la direction de ces limites, qui ne peuvent jamais être en rapport avec celles qu'il faut établir autour d'une exploitation.—La largeur et l'inclinaison d'un filon varient et changent ; il se subdivise quelquefois en portions qui s'écartent, se réunissent et se ramifient en plusieurs filets et si le terrain dans lequel on suivait le filon vient à changer de nature, l'espérance s'évanouit, les dépenses restent, et le moyen de les couvrir a disparu.

»Le minerai se trouve aussi en amas ; mais il serait superflu d'entrer ici dans des détails qui ne sont pas nécessaires pour amener la solution de la question que nous traitons. Il suffit de voir le filon qui renferme le minerai parcourir dans la profondeur de la terre une étendue considérable, pour prouver qu'il n'est pas divisible de sa nature, et qu'il embrasse, dans sa marche incertaine et variée, des propriétés divisées à l'infini entre les propriétaires de la surface. Quel est parmi eux celui qui doit avoir la propriété de ce filon ? Sera celui qui parviendra le premier à l'atteindre ? Mais, du moment où il croit le saisir, il lui échappe et il est sous la propriété voisine ; tous ses droits sont alors perdus : pour les

l'Europe et celle de la Grèce, la redevence proportionnelle des mines est réglée d'après le prix courant des minerais extraits sur le carreau de la mine (art. 30 de la loi ΣΚΗ'.). Sans aller chercher au loin, nous n'avons qu'à citer à l'appui de notre affirmation l'exemple de la compagnie Serpieri, laquelle avoue avoir raison, que les scories ne sont pas soumises à la loi sur les mines, et c'est conformément aux prescriptions de cette loi, que j'ai demandé la concession des ecvolades.

---

recouvrer, les associera-t-il avec des droits limitrophes, et ces propriétaires, en poursuivant leurs richesses souterraines, s'uniront-ils ensuite avec tous ceux qu'ils rencontreront dans leur marche? Parviendront-ils à lever toutes les oppositions, à concilier tous les intérêts? Il est permis d'en douter, car l'exploitation d'un filon ne présente pas les mêmes avantages dans toute son étendue; il peut être abondant dans un point et stérile dans un autre. Un seul opposant, parmi ces nombreux propriétaires, peut retarder et même empêcher l'exploitation d'une mine, et nuire ainsi, par son entêtement ou son intérêt mal entendu, à l'intérêt général de la société. Je suppose tous les propriétaires d'une surface qui recèle une ou plusieurs mines, également d'accord pour les exploiter; il faut commencer, avant d'entreprendre une exploitation régulière, par y consacrer d'immenses capitaux: les propriétaires foncieurs en ont bien rarement de disponibles, et s'ils en avaient, ils aimeraient bien mieux, sans doute, en faire usage pour améliorer leur sol par des engrais ou une culture plus soignée, que de les employer à rechercher de richesses toujours douteuses et toujours trèr-coûteuses à extraire. — Les capitalistes peuvent seuls se livrer à des opérations hasardeuses, et courir les chances toujours inséparables des grandes entreprises.

»Ce qu'il faut réunir de capitaux pour établir des travaux reguliers est considérable; ce qu'il faut en dépenser avant d'obtenir un produit, est immense. On assure que la compagnie qui exploite les mines d'Anzin a travaillé pendant vingt-deux ans avant de parvenir à extraire du charbon, et a dépensé plus de 16 millions pour établir toutes les machines nécessaires à leur exploitation. Cette somme, toute forte qu'elle est, cessera peut-être, Messieurs, de vous paraître exagérée, lorsque vous parcourez la série des travaux à faire pour exploiter une couche ou un filon dans

vendu à la compagnie Roux les ecvolades à raison de deux drachmes par tonne; même une partie de ce minerai a été déjà livré et fondu, quoique il n'ait jamais existé de concession.

D'ailleurs la nature des ecvolades ne se prête à aucune des considérations qui ont amené les législateurs de France à

---

toute son étendue. Non-seulement il faut creuser des puits à une profondeur de plus de 3 à 400 mètres, il faut pratiquer des galeries qui, partant du fond des puits, se dirigent horizontalement jusque dans les couches ou les filons de la mine, les percer à travers les rochers et employer toujours, pour parvenir à les étayer, les plus beaux arbres des forêts. Il faut encore les préserver d'être inondées, épuiser les eaux par des pompes à feu, dont la moindre coûte plus de 100,000 fr. à établir, les faire écouler par des canaux toujours très-dispendieux à construire, entretenir par des ventilateurs, dans toute l'étendne des travaux, une circulation vive et continuelle de l'air atmosphérique, il faut, enfin, se préserver du méphilisme de l'air qui asphyxie tout-à-coup les ouvriers, qui incendie et détruit si souvent, par des explosions comparables à la foudre, les établissements les plus anciens et les mieux fondés.—La dépense de ces travaux qui exigent tous les genres de connaissances, et dans les sciences et dans les arts, est encore augmentée lorsqu'il s'agit d'exploiter des mines métalliques, et cette dépense, comme on doit être forcé d'en convenir, ne peut être faite par les seuls propriétaires de la surface; si la direction des filons, tout aussi incertaine que leur étendue, a servi à prouver qu'ils ne devaient point appartenir aux propriétaires de la surface, les frais de leur exploitation ont démontré que les mines abandonnées à ces propriétaires ne seraient point exploitées ou le seraient d'une manière peu profitable pour eux, et extrêmement nuisible à l'intérêt général, qu'il ne faut pas perdre de vue un seul instant dans le cours de cette discussion.

»De ce qui vient d'être établi, il résulte que les mines étant la propriété de tous, ne sont réellement celle de personne, et doivent conséquemment entrer dans le domaine de l'Etat: il est nécessaire aussi qu'elles en fassent partie pour qu'elles soient exploitées.»

soumettre les mines à la loi de 1810. Les ecvolades ne sont pas *inconnues* mais *évidentes ;* elles peuvent suivre *les divisions de la surface et de le propriété du sol ;* elles peuvent être *mesurées, analysées* et *évaluées avec exactitude ;* elles sont, enfin, une marchandise parfaite et complète, et leur exploitation ne présente aucun danger pour les capitaux. Or, si le but de la loi sur les mines de 1810, qui a classé les masses de substances minérales ou fossiles sous les trois qualifications de mines, minières et carrières, était de déterminer les règles légales les plus favorables à l'exploitation de chacune d'elles; si, d'après ce qui précède, des qualités et des circonstances particulières des mines naturelles ont engagé le législateur à les soumettre à un régime particulier de propriété et d'exploitation, pour faciliter ainsi la recherche et l'utilisation des richesses minérales du pays, qu'il nous soit permis de demander comment est-il possible de comprendre sous ce régime des matières minérales qui, comme les ecvolades, avaient déjà cessé à cette époque de posséder les qualités et de se trouver dans les circonstances sur lesquelles le législateur avait réglé son système de législation sur les mines?

L'article 2 de la loi sur les mines spécifie que les substances minérales, pour être rangées dans la classe des mines et, par conséquent, pour être soumises à la législation exceptionnelle qui les régit, doivent se trouver sous une des trois formes géologiques sous lesquelles on les rencontre dans la nature, en couches, en filons ou en amas. Or, les ecvolades ne peuvent naturellement se rencontrer sous aucune de ces trois formes, puisqu'elles ont été déposées sur la surface du sol par la main de l'homme et non par la nature. «Cette classification de »l'art. 2, imaginée par Fourcroy», dit M. Forcade-Prunet, «est basée sur la

»science minéralogique.» (*Des Mines en droit français*, p. 77 ; voir aussi Burat, *Géologie appliquée*, 1870, part. II, p. 10). En France, comme en Belgique, la désignation *amas*, appliquée aux substances minérales, qui se rencontrent plus fréquemment que les filons ou les couches à la surface du sol, n'a jamais été censée comprendre les masses minérales qu'aurait accumulées le travail de l'homme. Le mot *amas* est un terme technique de la science minéralogique. M. Peyret Lallier définit comme il suit le mot *amas*:

«Par *amas* on entend soit des filons ou des couches très épaisses et peu étendues dans leur direction et leur inclinaison, soit des espaces formant primitivement des cavités souterraines, qui ont été remplies par des dépôts de minerais divers.» (*Traité sur la législation des mines en France*, etc., I, § 55. Comparez aussi Fooz, *Points fondamentaux de la législation des mines*, p. 94. Bichard, *De la législation française sur les mines*, I, p. 91).

Comment donc le gouvernement hellénique aurait-il pu concéder les ecvolades en vertu de l'art. 2 de la loi sur les mines?

Hâtons-nous de dire que le gouvernement hellénique ne s'est jamais mépris sur le sens de cette loi.

C'est en 1864 qu'on commença à parler pour la première fois de scories; en 1867 on a définitivement décidé sur leur mode de disposition. La loi sur les mines existait depuis 1861, mais jamais il ne fut question de soumettre les scories aux dispositions de cette loi. Tout au contraire, on se hâta de voter une loi spéciale d'impôt sur ces matières, par laquelle les scories appartenant à des particuliers furent taxées à 10 p.°/₀ et celles appartenant à l'Etat à 30 p.°/₀. Ainsi la loi de 1861 ne fut pas considérée comme régissant les scories; car s'il en avait été ainsi, l'impôt n'aurait été que de 5 p.°/₀, sans distinction, et la concession aurait été faite d'après les dispositions de cette loi.

La compagnie Serpieri elle-même a reconnu que les scories ne sont pas régies par la loi de 1861 ; car, quoique il n'existe aucune convention spéciale entre elle et le fisc, elle se soumet néanmoins, à mesure qu'elle fond des scories, à payer l'impôt de la loi spéciale de 1867. Le représentant à Athènes de M. Serpieri, exposant pour la première fois (avril 1864) au ministre des finances le désir de ce dernier d'exploiter les scories du Laurium s'exprime ainsi :

« Les scories, sans aucun doute, ne sont » pas soumises aux dispositions relatives aux » mines, parcequ'elles ne sont pas un pro» duit naturel, mais bien le résidu d'un tra» vail métallurgique antérieur. »

Ajoutons encore qu'un conseil d'hommes de loi, auquel a pris part le savant M. Paparrigopoulos, actuellement avocat de la compagnie, s'arrêtait à la conclusion suivante, laquelle en ce temps était acceptée par M. Serpieri :

« Les scories plombifères gisant sur le ter» ritoire du Laurium, province d'Attique, ne » peuvent point être comprises dans la caté» gorie des mines, déterminée par l'art. 1 de la » loi sur les mines ; parceque, pour qu'elles » fussent comprises dans la catégorie des mi» nes, elles devraient être renfermées dans les » entrailles de la terre ou se trouver *naturel» tement sur le sol.* Mais les amas des sco» ries, dont il s'agit, ne sont pas renfermés » dans les entrailles de la terre, ni ne se trou» vent à la surface du sol comme produit *d'u» ne action atmosphérique ou géologique,* » mais ont été transportés là où ils gisent *par » la main et le travail de l'homme, comme » matières minérales exploitées ailleurs.* »

D'après cette opinion émanant de jurisconsultes distingués les ecvolades, pas plus que les scories, ne sont nullement soumises au régime de la loi de 1861.

Mais indépendamment de cet avis, si la loi sur les mines n'est pas appliquable aux scories, pourquoi le serait-elle aux ecvolades ? Une telle prétention est complètement dépourvue de fondement. Ces matières sont à titre égal un produit de l'industrie humaine ; car l'*exploitation* des mines est un art tout autant que la *fusion*. Les scories et les ecvolades ont subi les unes comme les autres l'influence *du travail de l'homme*, influence très importante, car c'est à ce travail qu'elles doivent leur existence, étant auparavant inconnues. Les unes et les autres ont été changées par le travail en *marchandise*, n'étant auparavant qu'un *immeuble* ou, plutôt, quelque chose d'*inconnu*, enfoui dans les entrailles de la terre et partant tout à fait *inutile*. Cela est si vrai, que les législations d'Europe n'admettent aucune distinction entre les scories et les haldes. La loi espagnole, tant celle de 1849 que celle de 1859, sans faire distinction quant au régime légal de l'exploitation et de la disposition, soumet ces matières aux mêmes dispositions, contenues dans un chapitre intituté «*de la jouissance des anciennes scories et haldes*», tandis que les mines sont l'objet de dispositions particulières de chapitre «*sur l'exploitation des mines.*»

Quant au gouvernement hellénique, il n'a jamais changé d'opinion. L'opinion qu'il avait sur la loi de 1861 relativement aux scories, il a continué à l'avoir sur cette même loi en ce qui concerne les ecvolades, et il est absurde de soutenir que cette opinion fut inaugurée pour la première fois par la loi du 27 mai 1871 sur les ecvolades. Cela est si peu exact que, dès le début des discussions avec la France et l'Italie (24 février et 8 mars 1871), avant que cette loi fut présentée à la Chambre, le gouvernement hellénique a soutenu que la loi de 1861 sur les mines n'est pas appliquable aux ecvolades et ne pouvait créer aucun droit en faveur de la compagnie, même si une concession avait été obtenue par elle en vertu de cette loi, ce qui, du reste, n'a jamais eu lieu. (Note du 8/20 avril 1871, et le mémoire du ministre des finances communiqué le 9 mars 1871).

Hâtons-nous aussi de dire que le gouvernement hellénique, quelle que fût sa complaisance pour cette compagnie,— et cette complaisance a été souvent poussée très-loin au préjudice du trésor public—se trouvait dans l'impossibilité absolue de comprendre les ecvolades dans la loi sur les mines et de reconnaître des titres de propriété dérivant de cette loi.

Une pareille interprétation aurait été non-seulement sophistique et absurde, mais encore elle aurait fourni matière de suspicion légitime ; car il aurait été impossible de l'appuyer soit sur la jurisprudence, soit sur l'opinion des commentateurs de la loi française ou belge, dont la nôtre est une traduction, et, de plus, les législations de tous les Etats de l'Europe l'auraient repoussée.

Une preuve très convainquante de l'étrangeté ou plutôt de l'absurdité d'une pareille théorie, c'est que personne n'a jamais osé soutenir devant les tribunaux en France ou en Belgique, que la législation sur les mines est appliquable aux rejets. Nous n'avons dans les auteurs qu'un seul exemple d'une pareille interprétation, et même cet exemple tourne à l'appui de l'opinion du gouvernement hellénique.

Je crois utile de soumettre en entier au Conseil des Ministres ce jugement unique du tribunal de Liège en date du 12 mars 1859, qui se trouve dans l'ouvrage de M. Bury *(Traité de la législation des mines en Belgique,* II, p. 291).*

Mais M. le premier ministre en invoquant aussi l'interprétation, que d'autres ont donné à la loi française, rapporte l'arrêt unique, comme il l'appelle, du Tribunal de Liège, d'après lequel le produit d'une exploitation antérieure, a été considéré comme appartenant au propriétaire du sol et non à celui à qui la mine a été concédée. Cet arrêt du Tribunal Belge, basé sur la loi française, non-seulement ne vient pas à l'appui du mémoire ministériel, mais il le combat. En ce qui concerne la mine et la substance minérale qui la compose, j'ai déjà démontré plus haut la différence qui existe entre la loi française et la loi grecque. Cette dernière suivant et adôptant le principe de toutes les législations modernes, a compris dans les définitions générales des art. 1 et 2 toute substance minérale de même nature qui se trouve dans l'étendue concédée. En outre l'arrêt dont on vient de parler ne saurait avoir aucune influence dans le cas qui nous occupe.

La société de la Nouvelle Montagne possède un droit de concession des mi-

* Considérant qu'il résulte tant des significations échangées entre parties, que des articulations dont la vérification est demandée, ainsi que de plaidoiries qui ont eu lieu devant le tribunal, que la surface primitive du sol a été complétement changée par la main de l'homme: que les minerais existant à la surface ont été extraits, au dire des demandeurs, par d'anciens exploitants; que ceux-ci en ont retiré les substances nécessaires à la fabrica-

Je vous soumets aussi l'addition dont M. Bury, homme très compétent en fait de législation de mines, accompagne ce jugement:

nes de plomb et de zinc dans le pays de Liège. Une dame Dumont avait acheté du propriétaire du terrain où se trouvaient ces mines, des rejets contenant aussi du plomb et du zing, mais dont un travail métallurgique avait déjà retiré des substances propres à la fabrication de l'alun.

La société de la Nouvelle Montagne, prétendant avoir des droits sur ces rejets comme faisant partie de sa concession, les réclama et sa demande fut repoussée par le Tribunal de Liège.

L'importance que M. Déligeorges attribue à cette décision n'est nullement fondée, car il n'existe aucune analogie dans les espèces. Dans l'affaire de Liège il s'agissait de matières ayant subi l'action du feu, d'un travail métallurgique, c'est-à-dire de terres grillées, en un mot de scories: tandis que les ecvolades sont des matières vierges de tout travail métallurgique, et qui n'ont subi aucune transformation par les faits de l'homme.

Il n'y a pas non plus de rapport commun entre les mines concédées dans le pays de Liège à la Compagnie de la Nouvelle Montagne et celles du Laurium.

Les rejets (terres grillées, scories) dont il s'agit dans le procès de Liège sont de date récente relativement aux minerais-rejets—(haldes) ecvolades du Laurium, qui, abandonnées depuis vingt siècles, forment aujourd'hui le sol véritable de la contrée.

Et cependant non-seulement cet arrêt ne vient pas à l'appui des conclusions et de l'interprétation donnée par M. le premier ministre, mais il les repousse complétement et reconnaît au propriétaire du sol et non à l'Etat, la propriété des substances minérales en litige.

Le silence de la loi française sur les minerais résidus d'anciennes exploitations, tandis que les législations anciennes et modernes allemandes et espagnoles, reconnaissent ces substances comme fai-

---

tion de la couperose et les ont à cet effet grillées en tout ou en partie; qu'ils ont ensuite rejeté tout ce qu'ils n'avaient pas utilisé, soit sur le sol, soit dans les cavités produites par les travaux d'exploitation; que la demanderesse invoque cet état de choses, pour en conclure que les matières ainsi rejetées dans le sein de la terre ont reconstitué le gîte primitif, et doivent lui être attribuées en vertu de son acte de concession;

Considérant qu'aux termes de l'art. 552 du Code Civil, la propriété du sol emporte la propriété du dessus et du dessous; que le propriétaire peut faire les fouilles qu'il juge à propos, et tirer de ces fouilles tous les produits qu'elles peuvent fournir, sauf les modifications résultant des lois et règlements relatifs aux mines; qu'il suit de cette disposition de la loi du 21 avril 1810 sur les mines, que le droit de concéder l'exploitation des substances minérales ou fossiles cachées dans les sein de la terre à un autre qu'au propriétaire de la surface, est un droit exceptionnel, dérogatoire au droit commun et non susceptible d'interprétation extensive; qu'il faut donc, pour que les prétentions de la demanderesse soient admissibles, que les amas de terres rouges qu'elle réclame soit une mine, soit l'affleurement véritable d'une couche ou d'un filon;

Considérant que d'après le sens attribué généralement au mot *mine,* tant dans le langage vulgaire que dans le langage juridique, on n'a jamais compris sous ce mot que des amas de substances minérales qui ont été formées par les révolutions naturelles du globe, et dont la science et l'industrie peuvent ainsi reconnaître les directions et les signes apparents; qu'ainsi le droit romain et notamment la L. 13, § 5, D. de usufructu, VII, 7, et la loi 3, C. de métal, XI, 7, supposent pour l'exploitation des richesses souterraines l'existence de veines *naturelles;* qu'il en est de même du droit coutumier français; que Coquille en commentant les articles 1 et 2 des coutumes du Nivernais distingue le trésor des minières d'argent, de fer, de cuivre, etc., en ce que le trésor est mis en son bien par main d'homme, tandis que les minières font partie de la terre naturellement et sont produites par la terre; que Ferrière, dans son dictionnaire de droit,

«On pourrait ajouter beaucoup d'autres considérations à l'appui de cette doctrine. Qu'il nous suffise de faire remarquer que, si la loi a pu permettre de concéder gratuitement *les mines natives*, auxquelles la nature seule

---

définit la mine: «cette partie de la terre où se forment les métaux et les minerais» ; que c'est cette signification consacrée par un si long usage que la législation moderne a aussi sanctionnée; que dès le début de la discussion de la loi de 1810 le comte Fourcroy qui, à raison de ses connaissances spéciales, avait été chargé de la rédaction du projet, appelle les mines dans son rapport du 20 octobre 1808 un produit *naturel* (Locré, 1, 4, p. 260); que selon le comte Stanislas de Girardin, qui a présenté le rapport sur la loi au Corps législatif «les mines sont les couches de combustible ou des filons de substances métalliques, qui se prolongent quelquefois sur une étendue de plusieurs myriametres et qui s'enfoncent diversement dans le sein de la terre, jusqu'à des profondeurs indéfinies» (Locré, ibid., p. 413), définition conforme, au surplus, au texte formel de l'article 2 de la loi du 21 avril 1810; qu'il ajoute que pour exploiter une mine avec avantage, il faut la traiter en masse ou dans des sections d'une certaine étendue, réglées sur le gisement et les allures des couches ou des filons, ce qui démontre que lorsqu'on parle de mines, il ne peut s'agir que des amas de substances minérales ou fossiles, tels que les présente la *nature ;* que si dans les discussions relatives à l'article 4 on s'est occupé de terres pyriteuses longtemps exposées à l'air, ou brûlées (Locré, page 285), tout le monde a été d'accord pour reconnaître qu'elles ne peuvent constituer ni des mines, ni des minières, mais simplement des amas d'engrais, mis à la disposition du propriétaire de la surface, et soumis exceptionnellement au régime des carrières ;

Considérant que d'après ce qui précède et en s'attachant même exclusivement aux articulations de la demanderesse, on ne peut envisager les terres rouges, dont il s'agit au procès, ni comme une mine, ni par suite comme un affleurement, c'est-à-dire, d'après la définition donnée par Brard dans ses *Eléments pratiques* d'exploitation, la partie visible au jour d'un filon ou d'une couche, qui se montre à la surface de la terre et qui peut faire penser avec raison qu'il existe au-dessous une certaine quantité de telle ou telle substance minérale utile.

sant partie de la mine, nous porte à tirer la conclusion suivante : ou que de pareils débris d'anciens travaux n'existent pas en France, ou que le législateur les a toujours considérées comme partie inséparable de la mine, et par conséquent, soumises aux dispositions générales de la loi sur les mines.

a donné toute leur valeur, elle n'a pu évidemment permettre de concéder *des matières extraites, à la valeur desquelles un tiers a contribué, par les risques et les dépenses de l'extraction elle-même.»*

D'ailleurs dans presque toutes les législations a prévalu le principe que les lois qui limitent la propriété ne peuvent être appliquées par extension. (Ordonnance française du 10 octobre 1839; dans Chicora, *Jurisprudence du Conseil des mines de Belgique*, p. 287).

Ainsi donc, si nous considérons l'objet de la loi de 1861 sur les mines, qui régit la disposition des substances minérales déposées, soit dans le sein de la terre, soit sur sa surface, par la nature et non par la main de l'homme; l'interprétation officielle que nous avons donnée à cette loi de 1861 (interprétation acceptée par la compagnie pour les scories) et le motif de cette interprétation; l'opinion unanime de tous les commentateurs français et belges sur cette question et les décisions judiciaires conformes à cette opinion, et enfin la concordance de toutes les législations de l'Europe, qui ont toujous distingué et traité séparément les mines et les rejets; si, dis-je, nous prenons en considération tout ce qui vient d'être exposé, il en ressort d'une manière incontestable que la loi de 1861, de même que celle de 1810, dont elle tire son origine, ne saurait créer de droits de propriété sur les ecvolades en faveur des propriétaires de mines au Laurium ou ailleurs.

E'.

Il me reste à examiner — ce qui pourrait être considéré comme superflu — si le gouvernement hellénique, sans en avoir le droit, n'aurait néanmoins concédé à la Compagnie la propriété des ecvolades.

Je ne veux pas insister sur la lettre et

Il me reste maintenant à répondre à la dernière partie de l'exposé en examinant si le Gouvernement hellénique m'ayant concédé une mine de plomb argentifère d'une étendue bien déterminée ne m'a pas concédé auasi les minerais-rejets (ecvolades) contenant le même

le texte de la demande primitive de la Compagnie concernant cette concession, les altérations portées à cet acte, et auxquelles on a eu recours pour créer un droit, qui sans elles n'en résultait point, ayant été suffisamment appréciées par les gouvernements de la France et de l'Italie, aussi bien que par l'opinion publique.

Je me borne à soumettre au Conseil les considérations qui suivent:

1° En avril 1864, date de sa demande de concession d'une mine au Laurium, la Compagnie ignorait l'existence des ecvolades; et cela résulte de ce que, dans cette même demande, il n'en est guère question; la Compagnie ne les a découvertes que beaucoup plus tard, comme on pourrait s'en convaincre par ses pétitions du 8 octobre 1868 et du 30 mars 1870.

M. Serpieri écrivait, en effet, le 30 mars 1870 au préfet d'Attique:

«Outre les travaux souterrains, dont mention a été faite plus haut, nous avons exécuté à *Camarisa* et à *Sinterina* divers autres travaux de recherche à ciel ouvert, dans le but de *trouver* et *examiner* certains minerais pauvres, etc.»

«'Εκτὸς τῶν ἀνωτέρω ὑπογείων ἐργασιῶν, ἔγραφεν ὁ κ. Σερπιέρης κατὰ τὴν 30ὴν μαρτίου 1870 πρὸς τὸν νομάρχην 'Αττικῆς, ἐνηργήσαμεν εἰς τὰς θέσεις Καμαρίζας καὶ Σεντερίνας διαφόρους εἰσέτι ἐν ὑπαίθρῳ ἐκμεταλλεύσεις πρὸς ἀνεύρεσιν καὶ ἐξέτασιν πτωχῶν τινων μεταλλευμάτων.»

Que M. Serpieri ignorait complétement l'existence des ecvolades, ou tout au moins leur valeur métallurgique, le 6 avril 1864, époque à la laquelle il allègue avoir demandé leur concession, cela résulte aussi de sa demande du 10 juin 1864, adressée à la préfecture d'Attique:

«Pour compléter ma demande du 6 avril a. c., concernant la concession des mines du Laurium d'Attique, je soumets en triple les plans des positions *Ve-*

«Εἰς συμπλήρωσιν τῆς ἀπὸ 6ης 'Απριλίου ἐ. ἔ. αἰτήσεώς μου, περὶ παραχωρήσεώς τῶν μεταλλείων τοῦ Λαυρίου 'Αττικῆς, ὑποβάλλω ὑμῖν εἰς τριπλοῦν τὸ διάγραμμα

métal et gisant sur et sous le sol de l'étendue concédée.

Je dois avouer que je ne connaissais pas en 1864 le mot grec *ecvolades* et qu'à cette époque je n'avais pas lu Strabon. Je savais cependant discerner des anciennes mines les minerais-rejets très connus par le mineur. Je les ai découverts lors de ma visite au Laurium en 1863 avec d'autant plus de facilité qu'ils étaient en évidence; du reste la commission scientifique hellénique envoyée au Laurium en 1865 pour cuber et évaluer les scories n'a pu faire autrement que de remarquer ces débris, et en a parlé dans son rapport en date du 2 décembre 1865: «De »même», dit le rapport, «la série conti»nue en se prolongeant sur des espaces »considérables de terres extraites amon»celées autour des orifices des puits.» Mais pour savoir si je connaissais alors ces minerais, et le parti qu'on aurait pu en tirer et si j'en ai demandé la concession, il aurait suffi à M. le premier ministre de lire ma requête en date du 6 avril 1864 par laquelle je demandais: 1° la concession des anciennes mines, 2° «*les minerais de ga»lène argentifère qui se trouvent parmi »ces mines, soit qu'ils gisent sur des ter»rains domaniaux, appartenant aux par»ticuliers, au clergé, ou sur tout autre ter»rain appartenant au fisc, pour que je »puisse associer mes travaux de fusion* »(des scories) *à mes travaux d'exploi»tation,* vu qu'ils ont entre eux une re»lation intime.» Puisque M. Déligeorges prétend qu'il ne s'agissait pas d'ecvolades, voudrait-il bien m'expliquer, de quels minerais j'entendais parler et de quels minerais entendait parler le Gouvernement, (à qui j'ai adressé ma demande) par minerais de galène argentifère se trouvant entre les mines sur le sol? Je crois que son jugement eut été plus conséquent s'il l'avait déduit de l'examen de ma demande et non de celui de mes pétitions postérieures qui n'avaient

latouri, Spila-Zesa et *Havousa-Spitharopoussi*, tels qu'ils ont été tracés par l'ingénieur de mines M. Cordella, conformément à ma demande et aux études minutieuses faites sur les lieux de ces positions métallifères. En même temps j'ai l'honneur de vous informer, M. le Préfet, que dans plusieurs de ces positions j'ai déblayé les galeries des anciennes mines et autres puits, et ayant ainsi pénétré dans les mines abandonnées, j'ai pu constater que les minerais *des anciens se présentent* dans les *couches* de pierre calcaire *en amas et filons*, composés tantôt de fer manganique, dans lequel on trouve des veines et des grenailles de galène, tantôt de galène argentifère.»

τῶν θέσεων Βελατοῦρι, Σπηλα-Λέζα καὶ Χάβουζα-Σπιθαροποῦσι, ὅπως κατηρτίσθησαν παρὰ τοῦ ὀρυκτολόγου κ. Κορδέλλα, σύμφωνα μὲ τὴν αἴτησίν μου καὶ τὴν ἐπὶ τόπου ἀκριβῆ ἔρευναν τῶν μεταλλούχων τούτων θέσεων. Συνάμα δὲ πληροφορῶ ὑμᾶς, κ. νομάρχα, ὅτι εἰς πολλὰς τῶν θέσεων τούτων ἐνήργησα ἐντελεῖς ἐρεύνας ἐκχώσας τὰς καταβυθισθείσας ὑπονόμους τῶν ἀρχαίων μεταλλείων καὶ ἄλλας ὀπὰς δι' ὧν εἰσδύσας εἰς τὰ ἐγκαταλελειμμένα μεταλλεῖα, ἐξιχνίασα ὅτι τὰ μεταλλεύματα τῶν ἀρχαίων παρουσιάζονται εἰς τὰς διαστρώσεις τῶν τιτανολίθων, πῇ μὲν ἐν εἴδει κοιτάδων (couches) καὶ φλεβῶν (filons), συνιστάμενα ἐκ μαγγανούχου σιδήρου ἐντὸς τοῦ ὁποίου ἐμπεριέχονται ψήγματα καὶ φλέβες ἐνθείου μολύβδου, πῇ δ' ἐξ ἐνθείου μολύβδου ἀργυρούχου.»

Or, dans cette pétition, faite deux mois après la première, M. Serpieri ne fait aucune mention *d'ecvolades—rejets de mines—haldes—anciennes haldes* ou de *terres pauvres métallifères*. Ce qu'il a alors découvert, et par suite ce dont il a demandé la concession, ce sont des minerais naturels de galène argentifère, et nullement des ecvolades.

Les échantillons des substances minérales à concéder, qu'il a soumis par sa demande du 15 mai 1867 au ministère de l'intérieur pour compléter celle du 6 avril 1864, consistent aussi en minerais naturels de galène argentifère.

Il est dès lors non-seulement contraire à la loi, mais encore bien étrange que l'on prétende avoir obtenu la concession d'autre but que celui de tenir le Gouvernement au courant de nos travaux journaliers d'un grand intérêt, puisqu'il s'agissait de s'assurer si cette ancienne source de richesse était épuisée ou si le mineur pouvait encore aujourd'hui continuer avec succès les travaux interrompus depuis deux mille ans. Les observations contenues dans le mémoire du premier ministre n'ont donc aucune importance. La loi sur les mines et l'ordonnance royale pour la mettre en exécution n'ont pas considéré comme nécessaire, que le demandeur soumît un échantillon du minerai à concéder. Cela a été réglé plus tard, et postérieurement à ma demande, pour faciliter la tâche de l'inspecteur des mines, qui ne peut se rendre partout et s'assurer sur les lieux de la qualité métallifère, de l'étendue du terrain dont on a demandé la concession. La qualité de l'echantillon soumis, ne peut avoir la moindre influence en ce qui concerne l'acte de concession et ses effets, pourvu que cet acte énonce le minerai dont on demande la concession. Il n'est nullement nécessaire et il serait matériellement impossible à celui qui demande la concession, de faire des recherches sur toute l'étendue et sur tous les points du terrain de la mine demandée pour soumettre un échantillon de chaque variété de minerai se trouvant en filons, en couches ou en amas dans les entrailles de la terre ou à sa surface; il courait ainsi le danger d'être privé du droit d'exploiter cette partie de la mine dont il n'a pas soumis l'échantillon.

Par ma pétition proprement dite j'ai demandé le droit d'exploiter de plomb argentifère; la concession une fois accordée on ne saurait plus faire de restriction; on ne pouvait donc pas en faire en ce qui concerne l'endroit et l'état dans lesquels j'aurais trouvé le minerai. Mais, outre le droit légitimement acquis,

sion d'une chose, qu'on n'a pas demandée et, ce qui est plus fort, dont on ignorait l'existence.

2° La Compagnie dans sa demande du 6 avril 1864 sollicite la concession de *plomb argentifère sulfureux,* ajoutant le terme technique *galène argentifère,* qui indique le minerai de plomb argentifère sulfureux *dans ses gisements naturels.*

Une autre preuve que M. Serpieri à cette époque ne connaissait pas, n'avait pas analysé et n'avait pas demandé la concession des ecvolades, résulte de ce que leur qualification métallique ne pouvait être celle de *galène argentifère,* mais de *carbonate de plomb*, et cela 1° parceque, d'après les analyses faites à *l'Ecole de mines* de Paris, on n'y rencontre *trace* d'une telle substance, et par contre les ecvolades comprennent 20 p. % *d'oxgde de plomb* (v. analyse de *l'Ecole de mines* de Paris, du 22 avril 1870); et 2° parceque, d'après les analyses faites par la commission hellénique, 100 parties d'ecvolades contiennent 0,900 de plomb sulfureux et 17,700 d'oxyde de plomb, soit vingt fois plus de cette dernière substance. Dès lors les ecvolades sont du carbonate de plomb et non de la galène argentifère, et ce terme ne pouvait, par conséquent, comprendre dans la demande de M. Serpieri, même en supposant qu'il connaissait les ecvolades, la concession de ces dernières.

3° Dans la même demande la Compagnie ne fait aucune mention de *terres;* elle y parle seulement de *pierres:* elle ne mentionne ni le mot *ecvolades,* généralement connu depuis Strabon, ni les termes techniques des modernes, *haldes, anciennes haldes, rejets de mines,* qui sont aussi généralement connus; elle n'a

il résulte clairement, de mon rapport en date du 15/27 mai 1867 au Ministère de l'Intérieur que M. le premier ministre a cité, tout en oubliant de le reproduire dans son mémoire, il résulte, dis-je, que j'ai dès lors soumis même des échantillons des minerais qui se trouvent à la surface du sol. « L'échantil-
» lon sub N° 1, dis-je dans ma susdite
» pétition, représente du plomb argen-
» tifère sulfureux avec du calcaire, que
» l'on rencontre sur la *route* de Cama-
» risa. »

A l'appui de son argument pour prouver que je ne connaissais pas les ecvolades et que je n'en avais pas demandé la concession, M. le premier ministre allègue que, par ma pétition du 6 avril 1864, j'ai demandé la concession de *plomb argentifère sulfureux* tandis que, analyse faite, il a été trouvé que les ecvolades contiennent une faible quantité de plomb sulfureux, et vingt fois plus d'oxyde de plomb. M. Déligeorges ignore sans doute que lorsqu'il s'agit de caractériser dans les termes de la science du mineur la qualité du métal, on prend en considération sa constitution originaire et non la constitution survenue par l'influence du temps et des agents atmosphériques. Très souvent dans les ecvolades les morceaux de minerais sulfureux ont leur partie extérieure transformée en minerais oxydés, mais on peut reconnaître encore à l'intérieur les traces du sulfure primitif; et lorsque même la transformation serait complète, elle n'aurait nullement la conséquence qu'on voudrait en tirer. Le phénomène de la transformation plus ou moins avancée des minerais de plomb sulfurés en minerais oxydés, se présente bien également dans les gîtes naturels en filons et jusqu'à des grandes profondeurs. Quelquefois même le minerai plombifère y apparaît mélangé avec d'autres minerais. Malgré cela lorsqu'une

pas même soumis, conformément à la loi, des échantillons d'ecvolades, comme elle a soumis des échantillons des *minerais de mines*.

«Les minerais, dit M. Serpieri dans sa demande du 6 avril 1864, n'entreront point dans le commerce *en l'état naturel de galène argentifère extraite,* mais en état de plomb pur *extrait des mêmes pierres.*»

«Ἡ κατάστασις, λέγει ὁ κ. Σερπιέρης ἐν τῇ αἰτήσει του τῆς 6ης Ἀπριλίου 1864, εἰς ἣν τὰ μεταλλεύματα θέλουν χρησιμεύσει, ἤτοι ἡ εἰς ἣν θέλω παραδίδει τὰ ἐκμεταλλευόμενα εἰς τὸ ἐμπόριον, δὲν θέλει εἶσθαι ἡ φυσικὴ κατάστασις τοῦ ἐξορυττομένου ἐνθείου μολύβδου, ἀλλ' ἤτοι καθαροῦ μολύβδου τοῦ ἐξ αὐτῶν τῶν λίθων ἐκμεταλλευσομένου.»

Mais même dans le cas où la Compagnie aurait formulé sa demande de concession des ecvolades d'une manière *évidente et précise,* elle ne pourrait en faire résulter aucun droit en sa faveur, attendu que l'acte de concession ne lui a pas concédé un droit de propriété sur les ecvolades d'une manière *claire et explicite*. Cette mention explicite dans l'acte de concession était nécessaire non-seulement d'une manière absolue, mais surtout parcequ'il s'agissait de nous convaincre que, contrairement à l'objet de la loi de 1810 et à son application constante, une concession d'ecvolades a été faite néanmoins en vertu de cette même loi. Cependant l'ordonnance de la concession Serpieri ne fait aucune mention *d'ecvolades ;* elle ne contient même pas un autre terme ou une autre expression *équivalente*. De plus l'ordonnance de concession n'est que *l'approbation de la décision du conseil des mines,* et cette décision (11 juillet 1867) ne contient aucun terme analogue ou se rapprochant au dit terme et, ce qui est plus, elle mentionne explicitement que le conseil entend concéder trois espèces de substances, comme les seules demandées, c'est-à-dire:

concession a été accordée pour plomb sulfuré qui est le minerai principal ou originaire, elle doit comprendre et comprend en effet sans contestation tous les minerais contenus dans le gisement, quelque variés qu'ils soient. Toute personne compétente sait qu'il n'en pourrait être autrement. C'est donc avec raison que je les ai demandés comme des minerais de plomb argentifère sulfureux.

Examinons maintenant si par la décision du conseil des mines et l'ordonnance royale de concession, ma susdite demande a été admise en totalité ou en partie.

La décision du conseil des mines sub N° 1 se rapportait à la seule pétition en date du 6 avril 1864, par laquelle, en me conformant aux prescriptions de la loi, j'avais demandé «la concession du droit » d'exploiter les anciennes mines qui se » trouvent dans la commune du Laurium » (Attique) *et des minerais de plomb ar- » gentifère qui se trouvent parmi les sus- » dites mines.*» Après avoir pris en considération: 1° le rapport, en date du 20 mai 1867, de l'inspecteur des mines au ministère de l'intérieur, par lequel il a émis l'avis de procéder à la concession de l'étendue métallifère en question ; 2° la pièce sub. N° 12,672 en date du 19 juin 1867, du président du conseil des ministres ; 3° du ministre de l'intérieur proposant l'acceptation de ma demande, le conseil des mines décida qu'il me fut concédée par ordonnance royale *l'étendue métallifère* comprise dans le plan complémentaire, située dans la commune du Laurium (Attique), pour l'*exploitation* du plomb argentifère sul-

1° Du plomb argentifère, contenu *dans le calcaire* rencontré *à Camarisa ;*

2° Du plomb argentifère sulfureux, rencontré *en filons ;*

3° Du plomb argentifère sulfureux, rencontré *dans les minerais de fer.*

Le conseil des mines ne mentionne aucune autre matière soit comme ayant été *demandée,* soit comme ayant entendu la *concéder,* soit comme ayant été *concédée.*— Les ecvolades cependant ne se rencontrent ni *dans le calcaire,* ni *en filons,* ni dans *les minerais de fer.*—Comment donc ont-elles été concédées ?

J'insère ci-après la dite décision du Conseil des mines, comme formant la base du *titre* de propriété de M. Serpieri et la *légalité* de l'ordonnance rendue.*

* Le conseil des mines composé des, ministres, etc.

En audience tenue ce jourd'hui 11 juillet 1867.

Le sieur Heldreich, en sa qualité de représentant du sieur J. B. Serpieri, sollicita par sa demande du 6 avril 1864, en se conformant aux dispositions de la loi, la concession d'un droit d'exploitation des anciennes mines sises dans la commune du Laurium d'Attique, et *des minerais de plomb argentifère* qui se *rencontrent* parmi les dites mines, quel que soit le propriétaire du sol et selon la position et l'étendue décrites dans le plan topographique du 1 juin 1864, soumis en triple, et dans le plan complémentaire du 13 mai 1867, renfermant en tout une étendue de 10791 $^{900}/_{1000}$ de stremmes, situés entre les positions Sintirina, Camarisa, Spitharopoussi, Agrilesa, Gourisari, l'usine d'Ergastiria et Ciafa Lontza. Les minerais qui en sont *extraits* sont en général de trois catégories : 1° Plomb argentifère *dans le calcaire, rencontré* à Camarisa ; 2° Plomb argentifère sulfureux *rencontré en filons*, et 3° Plomb argentifère sulfureux *rencontré dans les minerais de fer.*

Aucune opposition légale n'ayant eu lieu contre cette demande, et l'inspecteur des mines ayant, par son rapport au ministère de l'intérieur du 20 mai 1867, opiné de procéder aux actes nécessaires pour la concession de la susdite étendue métallifère ;

Le président du Conseil des ministres et ministre de l'intérieur ayant soumis par son

fureux. Ensuite pour l'exécution de cette décision il a été promulguée l'ordonnance royale du 23 août 1867, qui m'a concédé un droit de propriété d'exploitation de plomb argentifère sulfureux sur une étendue de terrain déterminée, située au Laurium entre les localités Sintirina, Camarisa, Spitharopoussi, Agriliza, Gourisari, les usines d'Ergastiria et Spila-Zesa.

Je demande maintenant à M. le premier ministre : pourquoi le conseil des mines qui avait sous les yeux ma pétition demandant *la concession du droit d'exploitation des anciennes mines et des minerais de plomb argentifère qui se trouvent parmi elles sur le sol,* a-t-il décidé que ma demande fut acceptée et qu'il me fut concédée *l'étendue métallifère* demandée pour l'exploitation du plomb argentifère ? Ma demande a-t-elle donc été admise en totalité ou en partie seulement ? M'a-t-on concédé tout ce que je demandais par ma pétition, ou la concession a-t-elle été *limitée à la première partie* de la demande concernant les mines, en excluant ce qui est dit dans la deuxième partie, c'est-à-dire les minerais qui se trouvent parmi les mines et sur le sol ?

Il est déjà connu que ce n'est pas la *demande* en concession, mais la *décision* du conseil des mines, qui établit le droit du concessionnaire:

«Les demandeurs en concession n'ont pas de »*droits* mais de *simples titres* pour obtenir »des concessions de mines. Ces titres diffé»rents c'est le gouvernement qui les *apprécie* »en tant que *pouvoir gracieux*, et lorsqu'il a »institué ainsi, après comparaison de ces di»vers titres, une concession de mines, précé»dée des formalités légales, sa décision ne sau»rait être attaquée par la voie contentieuse.» (Etienne Dupont, *Traité pratique de la Jurisprudence des mines*, I, p. 212—215).

D'ailleurs, d'après les dispositions de la loi et d'après ce qui est généralement admis aussi bien en France qu'en Belgique, l'acte de concession ne donne

---

office du 19 juin a. c. sub N° 12672 à l'appréciation de ce conseil la susdite demande, opinant pour son adoption.

Vu toutes les pièces, le plan et les dispositions relatives de la loi sur les mines.

Considérant que la procédure préliminaire sur la demande en concession a été légalement accomplie, et qu'il n'y a pas eu d'opposition contre elle.

Adoptant la proposition de M. le Président décide:

Qu'il soit concédé par ordonnance royale au sieur J. B. Serpieri, en son nom personnel et en qualité de représentant de la société par lui formée, l'étendue métallifère désignée dans le plan complémentaire susmentionné, sise dans la commune du Laurium d'Attique et comprenant 10791,$^{900}/_{1000}$ de stremmes, pour *l'exploitation de plomb argentifère sulfureux*. La redevance à percevoir sur le produit net de l'exploitation ayant été déjà fixée par la loi du budget de l'année courante, l'ordonnance royale sur la concession en question fixera seulement la quotité de la redevance fixe qui devra être payée par stremme, après vérification de l'étendue concédée.

Cette même ordonnance fixera l'indémnité à payer aux propriétaires du sol de l'étendue métallifère, et les obligations auxquelles sont soumis, d'après la loi, les concessionnaires des mines, etc.

Fait à Athènes le 11 juillet 1867.

Mais M. le premier ministre prétend que, d'après les dispositions de la loi et d'après ce qui est admis en France et en Belgique, on n'a le droit d'exploitation que sur le minerai formellement désigné dans la demande, et qu'il n'est question d'ecvolades ni dans l'ordonnance de concession ni dans le rapport de l'inspecteur des mines. Je conviens avec M. le premier ministre que je n'aurais pas de droit d'exploitation sur les ecvolades si le métal y contenu était *tout autre* que celui qui a été demandé et concédé; mais puisqu'il est prouvé qu'il s'agit d'exploitation de plomb argentifère, la nature de la combinaison dans laquelle se trouve ce métal et le mode de son gisement sont choses parfaitement indifférentes. Du moment que, d'après toutes les législations modernes les ecvolades ne forment pas partie principale de la mine mais en sont un accessoire naturel et nécessaire, c'est avec raison que, dans son rapport scientifique, l'inspecteur des mines s'est borné à décrire le minerai principal et orginaire, et les différentes manières des gisements. Le seul but du rapport scientifique de l'inspecteur étant: 1° de certifier la nature métallifère de l'étendue dont on demande la concession, 2° l'existence du métal demandé; et le droit d'exploitation étant général et absolu sur toute l'étendue concédée, il n'est jamais venu à l'es-

droit d'exploiter que les substances qui y sont spécialement mentionnées. Ce principe est d'autant plus appliquable aux ecvolades, qu'elles exigent une préparation mécanique pour leur enrichissement, sans laquelle elles ne peuvent être utilisées. La galène, au contraire, n'a besoin d'aucune préparation, ou tout au plus elle n'a besoin que d'une préparation mécanique comparativement fafacile et peu coûteuse. D'après la compagnie, même cette préparation ne suffit pas pour les ecvolades qui, à cause de leur peu de fusibilité, doivent être mélangées avec des scories, sans quoi elles se prêtent très-difficilement à la fusion. Ajoutons que, d'après la loi, toutes les fois qu'il s'agit de la concession d'une mine, le gouvernement, après avoir constaté l'existence d'une mine utilement exploitable, prend en considération les difficultés de l'entreprise, et appréciant les facultés et les moyens des divers demandeurs, choisit parmi eux et accorde ou refuse la concession.

D'autre part la décision du Conseil est basée sur le rapport de *l'inspecteur des mines*. Or, ce rapport, quoique technique, ne fait aucune mention d'ecvolades; il parle seulement de la concession d'une mine naturelle de galène argentifère, pure ou mélangée avec du fer, *se présentant en filons dans le calcaire et le micachiste*.

«Ayant pris connaissance, dit l'inspecteur »des mines, des demandes du 6, 11 avril et »10 juin 1864, concernant la concession d'une »mine de plomb au nom des Srs Serpieri, Roux »de Fraissinet et Cie, sise dans la commune du »Laurium, et ayant examiné les plans y rela»tifs, soumis en triple et comprenant une éten»due de 10791 stremmes, entre les positions »Sintirina, Camarisa, Spithâronos, Agrilitza, »Gourisari, Ergastiria et Likitza, aussi bien »que les informations complémentaires don»nées par le Sr Serpieri dans sa demande du »15 mai a. c. et le plan y relatif. Attendu qu'il »en résulte, qu'après les dûes recherches a été

prit de personne de supposer que le Gouvernement ait le droit de défendre l'exploitation du métal concédé lorsque tout en existant dans les limites de la concession il se trouverait dans les gisements et dans un état de combinaison autres que ceux déjà connus et décrits dans le rapport de l'inspecteur ; tandis que la loi sur les mines exige formellement une nouvelle concession pour l'exploitation d'un nouveau métal qui serait découvert dans l'étendue concédée.

découvert, à la position Camarisa, *dans le calcaire et le micachiste et en filons*, de la galène argentifère soit pure soit mélangée avec de minerai de fer; nous basant sur les dits renseignements et *les échantillons de minerai extrait,* soumis au ministère;

»Sommes d'avis, que l'étendue dans laquelle les dites recherches et fouilles ont été faites *comprend en filons de la galène argentifère ;* que par suite elle peut être concédée *comme une mine*, et qu'il faut procéder aux formalités requises par la loi pour sa concession.»

Voilà pourquoi je suis si étonné en voyant que cette compagnie non-seulement ose croire mais encore entreprend de convaincre deux grandes puissances, que la Grèce *lui a concédé des ecvolades* et qu'ensuite elle les lui a enlevées. Je n'invoque que la bonne foi de ceux qui auront l'occasion d'examiner cette affaire, et j'ai la conviction que, après les éclaircissements qui ont été donnés, la compagnie ne saurait plus trouver de défenseurs.

Résumant ce qui vient d'être exposé, j'observerai que la question dite du Laurium doit sa naissance à deux erreurs ou malentendus : 1° que le Gouvernement a concédé par ordonnance royale à la compagnie Roux-Serpieri les ecvolades, tandis qu'il n'existe aucune trace de pareille concession ; 2° que l'Etat hellénique *a ensuite confisqué* par une loi à *effet rétroactif* des droits acquis par la compagnie, tandis qu'il est avéré, que la loi de 1871 n'a créé aucun droit nouveau, qu'elle n'a pas de pouvoir rétroactif et ne porte atteinte à aucun droit acquis : elle se borne à *réglementer le mode d'exécution des lois existantes.*

Cette affaire, Messieurs, m'a fourni l'occasion d'observer ce que peut faire la cupidité, quand elle se croit tout permis. Ainsi cette compagnie a réussi à s'approprier les trésors du Laurium, en ne nous laissant, à nous, que des souvenirs historiques, et même à exercer le

Après avoir tâché de prouver l'inanité de nos réclamations, le Président du conseil consacre les dernières pages de son Exposé à un réquisitoire contre les nombreux abus commis par la Société, dans le but évident de la déconsidérer aux yeux du public. Je ne relèverai pas toutes les accusations formulées contre nous par M. Déligeorges; il y en a d'une nature si peu solide qu'elles tombent d'elles-mêmes, mais il y en a d'autres qui, tout en étant dénuées de fondement, ont cependant un aspect assez grave pour ne pas les laisser passer sous silence.

Ainsi, le Président du Conseil nous accuse de combler et d'obstruer, avec le lest de nos navires et les rejets de nos fours, le port d'Ergastiria ; — d'avoir coustruit un village à notre gré, tout en refusant à des indigènes de se bâtir des maisons;— d'avoir donné sans cesse de graves sujets de plainte à l'administration hellénique;—d'avoir incendié et détruit les forêts qui se trouvaient sur notre propriété;— d'avoir maltraité les fonctionnaires de l'Etat en mission dans le Laurium.

A des pareilles accusations, voilà ce que je réponds :

Par l'impulsion donnée à nos travaux nous avons communiqué au pays le premier élan dans l'industrie minière qui, par elle-même et par les industries qui s'y rattachent, est appelée à procurer au pays des ressources jusqu'ici ignorées.

pouvoir à notre place, car, il faut le dire, nous n'administrons pas dans les lieux qu'elle occupe. Ce qu'il y a de vraiment triste c'est, qu'après cela, elle soit parvenue à faire croire qu'on lui a fait tort, tandis que chaque jour elle se livre à notre égard à des injustices et des injures, que nous souffrons en patience, nous soumettant à ses volontés et aux sacrifices qu'elle impose à notre pays, pressé cependant par tant de besoins. Il est triste de penser que la France et l'Italie, entraînées par les allégations intéressées de cette compagnie, lui aient accordé leur protection toute puissante. Mais je me plais à croire que ces puissances n'auront pour elle que des sentiments d'une juste indignation, dès qu'elles seront convainques que, loin d'avoir été lésée, cette compagnie a trouvé chez nous une protection et une tolérance poussée jusqu'aux dernières limites, auxquelles elle a malheureusement répondu par les actes les plus arbitraires, par l'injustice et la calomnie.

Le ministère des finances abonde en preuves de notre longanimité dans nos relations avec elle. Je vous en soumettrai un petit nombre des plus caractéristiques.

Personne n'oserait nier que les profits dont cette compagnie a trouvé la source dans le Laurium ne soient énormes : le prix que ses actions ont atteint en fait foi. Et bien, vis-à-vis de ces profits, l'Etat n'a perçu comme impôt, depuis 1864 jusqu'à ce jour, qu'un million de francs à peine ; et cela tandis que la Compagnie devait, d'après la loi, nous payer 10 p.°/₀ d'impôt sur les scories achetées à de particuliers, et 30 p.°/₀ sur celles appartenant à la nation. Ces dernières, quoique litigieuses, elle les exploite sans contrôle ; elle est en retard pour le versement d'une partie de l'impôt, quoique condamnée en dernier ressort ; elle n'a pas même encore versé une caution de

Avant notre arrivée le port d'Ergastiria presque inconnu ne recevait que quelques barques de pêcheurs ; aujourd'hui il affirme son existence et sa sécurité par son apparition sur les cartes marines des Etats majors de France et d'Angleterre, et par l'arrivée de gros navires qui, tout en étant chargés, peuvent sans inconvénients aborder au rivage, grâce à la construction de nos quais.

Poussés par l'esprit de bienveillance et d'humanité qui répond aux idées modernes, nous avons logé nos travailleurs dans un village construit sur une étendue légalement possédée par nous et offrant toutes les conditions désirables d'hygiène et de commodité ; nous avons établi un hôpital à l'avantage de nos ouvriers qui y reçoivent gratuitement les soins du médecin, et nous avons même érigé une église destinée au service du culte grec.

Enfin, pour encourager le travailleur et lui donner une juste récompense de son labeur, nous avons établi son salaire en le basant sur un système de prime qui le relève à ses propres yeux.

Nous nous sommes toujours conformés aux lois de l'Etat en invoquant l'autorisation et l'approbation du Gouvernement en tout ce qui concerne les actes de sa compétence administrative, sans jamais donner un motif de plainte. Le premier ministre lui-même, M. Déligeorges, qui dans ces dernières huit années a été souvent appelé à gouverner son pays, pourrait du reste affirmer qu'il n'a jamais eu un sujet de plainte contre la société pouvant justifier la rigueur qu'il lui montre aujourd'hui.

J'ignore, où M. Déligeorges est allé emprunter les arguments de son réquisitoire contre la société ; s'il les avait puisés dans les archives des ministères et des tribunaux compétents, il n'aurait, certes, pû lancer l'accusation, formulée avec tant d'authenticité, que la Compa-

10,000 fr., qu'elle a pris depuis des années l'engagement de déposer. Le gouvernement a supporté et continue à supporter tout cela.

La Compagnie dispose à son gré des quais, du sol, du port et même de l'administration des lieux qu'elle occupe. Le port menace d'être comblé par le lest de ses navires et les résidus de ses dix-huit fours. Elle s'est approprié tous les terrains d'Ergastiria pour y élever des édifices par spéculation et, au mépris de l'autorisation du Gouvernement, elle ne permet pas à des gens sans abri de construire des barraques en planches; elle va jusqu'à contester au Gouvernement lui-même le droit d'élever un établissement pour les autorités de surveillance, dont plusieurs, telles que le juge de paix, la poste et la station télégraphique, ont été établies pour la commodité de la Compagnie elle-même. Elle a violé, dès le début, le plan officiel de colonisation et a poussé l'audace jusqu'à lui en substituer arbitrairement un à elle. Non contente de cela, elle entrave depuis deux ans la construction d'un nouvel édifice, destiné à l'habitation de l'inspecteur et de son secrétaire, du poste militaire, des gardiens et des employés supérieurs en tournée, édifice dont l'emplacement a été fixé et la construction concédée à un entrepreneur pour la somme de 25,000 fr. Les forêts sont en grande partie détruites par la Compagnie. D'après un rapport du conservateur des forêts, l'allemand Ennig, de l'année 1835, la contrée était alors boisée jusqu'au rivage. Toutes ces forêts ont été détruites arbitrairement en plusieurs endroits: on a coupé, déraciné et incendié les arbres, au mépris des lois forestières. Le Gouvernement a subi ce dégât, bien supérieur au montant de l'impôt perçu sur le plomb, sans exercer aucune poursuite.

Toutes les fois que le Gouvernement a dû envoyer des employés au Laurium, gnie a incendié et détruit les forêts qui, en 1835, couvraient le Laurium jusqu'aux bords de la mer. Jamais une plainte n'a été portée contre la Société à ce sujet. Il se peut qu'en 1835 la contrée fut toute boisée; mais nous, qui y avons mis le pied *trente ans* après, pouvons nous être tenus responsables des changements qui ont eu lieu dans ce long espace de temps?

Les employés publics, ainsi que les membres des différentes commissions scientifiques envoyées au Laurium, sont en mesure de certifier si les plaintes exposées en leur nom dans le mémoire de M. le premier ministre sont fondées. Le fâcheux incident qui a eu lieu en 1867 entre le directeur de l'usine et un des membres de la commission était, M. le premier ministre ne peut pas l'ignorer, tout-à-fait personnel, et n'avait aucun rapport avec les relations entre le Gouvernement et la Société.

En ce qui concerne enfin l'accusation lancée contre moi par M. le Président du Cabinet, d'avoir jeté à la mer M. Gobanz, je me borne à publier la lettre que ce dernier vient de m'adresser à ce sujet:

«*Monsieur Serpieri,*

»*Je viens de recevoir votre honorée de ce jour par laquelle vous m'invitez à démentir le fait, rapporté dans la brochure de M. Déligeorges, à l'égard de ce qui se passa en 1870 dans la circonstance où j'avais été chargé par le Gouvernement d'une mission dans le Laurium. Le culte que je professe pour la vérité m'impose le devoir de venir vous déclarer que je suis prêt à démentir le fait d'avoir été jeté à la mer par vous, avec mes instruments, car en cette circonstance il n'y eut entre nous qu'un simple échange de justifications, sans que j'eusse à subir aucun mauvais traitement de votre part.*

»*Je saisis cette occasion pour déclarer que, malgré les légères dissentiments que j'eus avec vous en cette circonstances, je n'ai cessé d'avoir pour vous les meilleurs sentiments.*

»*En vous laissant libre de faire l'usage que vous jugerez de la présente déclaration, je vous prie d'agréer, Monsieur, l'expression de ma profonde considération.*

»ALEXANDRE GOBANZ.

»Laurium, 24 Septembre 1872.»

ceux-ci échappèrent difficilement à de désagréments. En 1867 un des membres de la commission nommée par le gouvernement a été souffleté par le chef d'atelier de la compagnie. A l'ingénieur allemand Gobanz, envoyé en 1870 par le gouvernement pour étudier les ecvolades, on fit pis encore : il fut jeté à la mer par M. Serpieri lui-même, avec ses instruments et ses échantillons.

La compagnie a tracé arbitrairement un chemin de fer à travers les ecvolades, qu'elle a morcelées ainsi, à notre grand préjudice, donnant pour prétexte le service de ses usines ; et cependant ses fours auraient pu être alimentés encore pendant des années par des scories, qu'elle n'avait pas besoin d'aller chercher si loin. Enfin, dernièrement, allant plus loin, elle a eu recours au crible pour réparer des soi-disant scories mêlées aux ecvolades, (bien qu'elle eut près de ses fonrs des scories sans mélange) s'appropriant ainsi la partie la plus précieuse de ces rejets par un artifice aussi frauduleux que ridicule.

Ainsi donc, Messieurs, même dans cet ordre de nos rapports avec la compagnie, les étrangers, au lieu de trouver matière à blâme dans notre manière d'agir, auraient dû, plutôt, s'étonner de notre tolérance. Maintenant c'est à la nation de juger, si cette tolérance de notre gouvernement, poussée jusqu'à un tel point, peut trouver une justification suffisante dans les difficultés de la situation.

Athènes, le 26 Août 1872.

Le Président du Conseil des Ministres
E. Déligeorges.

Le Président du Conseil, au lieu de se placer, comme on aurait dû s'y attendre, au dessus de tout ressentiment personnel, et se borner à l'examen calme et sérieux du différend, s'est laissé entraîner à la fin de son Exposé sur le terrain des récriminations, abordant ainsi un sujet qui n'a rien de commun avec la grave question qui nous occupe; et il l'a fait avec autant d'acrimonie que d'exagération. M. Déligeorges n'a pas même reculé devant l'emploi d'épithètes à l'adresse de la Compagnie, d'autant plus déplorables qu'elles dévoilent le sentiment qui les a dictées et le but qu'elles veulent atteindre. Je n'ai pas voulu le suivre dans la voie où il s'était lancé. Fort de mon droit, je n'ai pas voulu chercher un appui à ma cause ni dans l'altération des faits ni dans le jugement passionné des masses.

J'étais sur le terrain de la vérité et je m'y suis tenu.

Athènes, le 1 Octobre (n. s.) 1872.

J. B. Serpieri

www.ingramcontent.com/pod-product-compliance
Ingram Content Group UK Ltd.
Pitfield, Milton Keynes, MK11 3LW, UK
UKHW012301240726
13966UKWH00004B/1550

9 782012 467927